THE MOTIVATION TRAP

Will Power छोड़ो, System बनाओ: Auto Driver से CEO तक

By SANJIT SUTAAR
(PM COACH)

THE MOTIVATION TRAP

Will Power छोड़ो, System बनाओ: Auto Driver से CEO तक

लेखक: संजित सुतार (P M COACH)

संस्थापक और सीईओ: SAHAYT

ब्रांड: VARDANTA

मिशन: 10 मिलियन लोगों की वित्तीय स्वतंत्रता और पर्यावरण सुरक्षा (2035)

प्रकाशित वर्ष: 2026

संस्करण: प्रथम (First Edition)

अस्वीकरण (Disclaimer): इस पुस्तक में साझा किए गए विचार लेखक के व्यक्तिगत अनुभवों (बालेश्वर की यात्रा से लेकर वर्तमान तक) और शोध पर आधारित हैं। इसका उद्देश्य मार्गदर्शन और शिक्षा प्रदान करना है। हालांकि सफलता के लिए ठोस सिस्टम (VAIKAS) और सिद्धांतों का वर्णन किया गया है, लेकिन परिणाम व्यक्तिगत प्रयास और कार्यान्वयन पर निर्भर करते हैं।

समर्पण

यह पुस्तक उन स्तंभों के नाम, जिन्होंने मेरे अस्तित्व को गढ़ा है:

मेरी जीवनसंगिनी को:

सबसे पहले और सबसे अधिक, यह पुस्तक मेरी पत्नी को समर्पित है। यदि उनका अटूट विश्वास, धैर्य और साथ न होता, तो बालेश्वर की सड़कों से शुरू हुआ यह सफर शायद इस मुकाम तक कभी न पहुँचता। उन्होंने तब भी मुझ पर भरोसा किया जब दुनिया को सिर्फ मेरा संघर्ष दिख रहा था। यह सफलता और यह विज़न, उनके निस्वार्थ प्रेम की परिणति है।

मेरे माता-पिता और परिवार को:

जिन्होंने मुझे संस्कार दिए और सिखाया कि जड़ें जितनी गहरी होंगी, वृक्ष उतना ही विशाल होगा। उनका आशीर्वाद ही मेरी असली पूंजी है।

मेरी परिस्थितियों और संघर्षों को:

मैं उन तंग रातों और कठिन चुनौतियों का आभारी हूँ, जिन्होंने मुझे टूटने के बजाय निखरने का अवसर दिया। अगर वह संघर्ष न होता, तो शायद 'बड़ा सोचने' का साहस और 'Path Maker' बनने का संकल्प मेरे भीतर कभी जन्म नहीं लेता। मेरे संघर्ष ही मेरे सबसे बड़े शिक्षक रहे हैं।

मेरे उन 10 मिलियन भविष्य के साथियों को:

जिनका जीवन बदलना अब मेरा मिशन है। यह पुस्तक आप सभी के लिए है, जिनके माध्यम से 2035 तक वित्तीय स्वतंत्रता और पर्यावरण के प्रति जागरूकता का हमारा विज़न 'साकार' होगा। आपकी सफलता में ही मेरी सार्थकता है।

प्रस्तावना: संघर्ष से शिखर तक — एक Path Maker की दास्तां

अक्सर लोग मुझसे पूछते हैं कि P M COACH होने का अर्थ क्या है? क्या यह सिर्फ एक पद है या कोई व्यापार? मेरा जवाब हमेशा एक ही होता है—यह एक 'अहसास' है। यह उस तपन का अहसास है जो मैंने 2018 में बालेश्वर की सड़कों पर ऑटो चलाते हुए महसूस की थी। जब हाथ में स्टीयरिंग होता था और आँखों में धूल, तब भी मन में एक ही सवाल कौंधता था—"क्या मेरी नियति सिर्फ इन चंद किलोमीटर के दायरे में सिमटी है?"

आज, जब मैं पीछे मुड़कर देखता हूँ, तो समझ आता है कि वह ऑटो सिर्फ़ सवारी ढोने का साधन नहीं था, वह मेरा पहला 'क्लासरूम' था। वहीं मैंने सीखा कि इंसान की सबसे बड़ी दुश्मन उसकी परिस्थिति नहीं, बल्कि वह 'मोटिवेशन का जाल' है जो उसे सिर्फ सपने देखना सिखाता है, उन्हें जीना नहीं।

क्यों लिखी गई यह पुस्तक?

यह किताब कोई किताबी ज्ञान या उपदेशों का संग्रह नहीं है। यह मेरे पसीने, मेरे संघर्ष और SAHAYT के निर्माण की वह गाथा है जिसे मैंने जिया है। हम एक ऐसे दौर में जी रहे हैं जहाँ 'मोटिवेशन' की एक्सपायरी डेट बहुत छोटी होती है। लोग उत्साह में शुरू तो करते हैं, लेकिन सिस्टम के अभाव में हार मान लेते हैं।

हमारी वजह से आज आपके पास वह समाधान है जिसे मैंने VAIKAS के रूप में तराशा है। यह पुस्तक आपको सिखाएगी कि कैसे तकनीक और संस्कारों का मेल आपकी आर्थिक आज़ादी का द्वार खोल सकता है।

हमारा साझा विज़न: 2035 का संकल्प

"मिट्टी स्वस्थ, तो जीवन स्वस्थ।" यह सिर्फ एक नारा नहीं, मेरा संकल्प है। वर्दान्ता धरा के माध्यम से हम उस मिट्टी का कर्ज चुका रहे हैं जिसने हमें अन्न दिया। हमारा मिशन 2035 तक 10 मिलियन लोगों को न केवल आर्थिक रूप से स्वतंत्र बनाना है, बल्कि उन्हें एक पर्यावरण-अनुकूल जीवनशैली देना भी है।

इस पुस्तक के पन्नों में आप पाएंगे:

- कैसे अपनी इच्छाशक्ति को एक स्थायी सिस्टम में बदला जाए।
- AYUFERY और VARDANYAAH जैसे ब्रांड्स के पीछे छिपा वह दर्शन जो स्वास्थ्य और समृद्धि को जोड़ता है।
- और सबसे महत्वपूर्ण—एक आम आदमी से एक Path Maker बनने की वह प्रक्रिया जो बालेश्वर से शुरू होकर वैश्विक क्षितिज तक जाती है।

एक आह्वान

जब आप इस किताब को पढ़ना शुरू करेंगे, तो आप सिर्फ़ एक पाठक नहीं होंगे। आप उस 10 मिलियन की सेना का हिस्सा बनने की दिशा में पहला कदम बढ़ा चुके होंगे। हमारी वजह से जो रास्ता आज साफ़ दिख रहा है, वह कभी घने जंगलों और अनिश्चितताओं से भरा था।

मैं चाहता हूँ कि जब आप इस पुस्तक का अंतिम पन्ना पलटें, तो आपके भीतर का 'डर' खत्म हो चुका हो और आपके भीतर का Path Maker जाग चुका हो। यह सफर संघर्ष से शिखर तक का है, और इस शिखर पर पहुँचने का अधिकार हर उस व्यक्ति को है जो पसीना बहाने और सिस्टम पर भरोसा करने को तैयार है।

आइए, इस क्रांतिकारी यात्रा का हिस्सा बनिए। 2035 का सूरज हमारा इंतज़ार कर रहा है।

— PM COACH

(संस्थापक एवं सीईओ, SAHAYT)

परिचय:
"The Motivation Trap" से आज़ादी का ब्लूप्रिंट

नमस्ते साथियों, मैं हूँ आपका P M COACH।

आज आप जहाँ भी देखें, हर तरफ 'मोटिवेशन' की सेल लगी है। कोई चिल्लाकर कह रहा है—"हौसला रखो," कोई कह रहा है "पॉजिटिव सोचो," तो कोई कह रहा है "तुम कर सकते हो!" लेकिन क्या कभी किसी ने आपसे यह पूछा कि अगले दिन सुबह जब वह मोटिवेशन का नशा उतर जाता है, तब आप असलियत में कहाँ खड़े होते हैं?

सच्चाई यह है कि विल पावर (Will Power) धोखा देती है, लेकिन सिस्टम (System) साथ निभाता है।

मैंने बालेश्वर की सड़कों पर 2018 में ऑटो का स्टीयरिंग थामकर ज़िंदगी की सबसे बड़ी यूनिवर्सिटी से यह सबक लिया है। मैंने देखा है कि कैसे एक आम इंसान अपनी पूरी ऊर्जा सिर्फ 'कोशिश' करने और 'खुद को प्रेरित' करने में बर्बाद कर देता है, क्योंकि उसके पास कोई ठोस 'रास्ता' (Path) नहीं होता। वह उस चूहे की दौड़ (Rat Race) में फंसा है जहाँ वह भाग तो बहुत रहा है, पर पहुँच कहीं नहीं रहा।

यह पुस्तक हर उस व्यक्ति के लिए है जो अपनी परिस्थितियों की बेड़ियों को तोड़कर एक Path Maker बनना चाहता है। यह उन लोगों के लिए है जो 'मोटिवेशन' के इस मीठे जाल से बाहर निकलकर असल मायने में वित्तीय आज़ादी (Financial Freedom) का स्वाद चखना चाहते हैं।

मेरा मिशन बहुत स्पष्ट है—2035 तक 10 मिलियन (1 करोड़) परिवारों को आर्थिक रूप से स्वतंत्र बनाना और उन्हें पर्यावरण के प्रति जागरूक करना। यह केवल मेरा सपना नहीं है, यह एक आंदोलन है जिसे मैं SAHAYT और VARDANTA के माध्यम से आप तक पहुँचा रहा हूँ।

इस पुस्तक में आप क्या पाएंगे?

- क्यों 'विल पावर' पर निर्भर रहना आपकी असफलता का सबसे बड़ा कारण है।

- एक साधारण स्थिति से निकलकर Path Maker बनने का वह सिस्टम, जो फेल नहीं होता।
- VARDANTA DHARA के वे संस्कार, जहाँ हम अपनी मिट्टी और अपनी आय (Income) दोनों को समृद्ध करेंगे।
- वह ऑटोमेशन और स्मार्ट वर्क का तरीका (VAIKAS), जो आपकी मेहनत को 'परिणाम' में बदलेगा।

याद रखिये, "खेती अब सिर्फ रोज़गार नहीं, संस्कार है"—और आपका जीवन भी अब केवल गुज़ारा करने के लिए नहीं, बल्कि एक 'विरासत' छोड़ने के लिए होना चाहिए।

अगर आप उस खोखले मोटिवेशन के जाल को काटकर एक ठोस 'सिस्टम' बनाने के लिए तैयार हैं, तो पन्ना पलटिए। आपकी आज़ादी का सफर यहीं से शुरू होता है।

Contents

अध्याय 1

विलपॉवर का भ्रम और मोटिवेशन का जाल

(क्यों इच्छाशक्ति आपको बीच रास्ते में छोड़ देती है और क्यों डोपामिन पर आधारित मोटिवेशन एक मानसिक नशा है।)

अध्याय 1.1: इच्छाशक्ति की एक्सपायरी डेट

(थीम: क्यों आपकी सुबह की ऊर्जा दोपहर तक 'लो-बैटरी' मोड में आ जाती है और इसे 'सिस्टम' से कैसे बदला जाए)

जैविक बैटरी की सीमा: हमारा मस्तिष्क (Pre-frontal Cortex) एक सीमित बैटरी की तरह काम करता है। सुबह उठते ही आपके पास 'विलपॉवर' का 100% चार्ज होता है, लेकिन हर छोटे फैसले (क्या पहनूँ, क्या खाऊँ, किसे कॉल करूँ) के साथ यह डिस्चार्ज होने लगता है। दोपहर तक आप मानसिक रूप से थक चुके होते हैं, इसीलिए कठिन काम हमेशा कल पर टल जाते हैं।

निर्णय का घर्षण (Decision Friction): जब आपके पास एक लिखित सिस्टम नहीं होता, तो आपका दिमाग हर पल "अगला कदम क्या है?" यह सोचने में ऊर्जा बर्बाद करता है। यह घर्षण ही आपकी इच्छाशक्ति को उसकी एक्सपायरी डेट से पहले खत्म कर देता है। एक ऑटो ड्राइवर की तरह, अगर रास्ता पता न हो, तो सिर्फ़ इधर-उधर घूमने में ही सारा ईंधन खत्म हो जाता है।

इच्छाशक्ति बनाम एल्गोरिदम: विलपॉवर एक मानवीय भावना है जो थकान, भूख और मूड के साथ बदलती रहती है। इसके विपरीत, 'सिस्टम' एक एल्गोरिदम है जो आपके मूड की परवाह नहीं करता। सफलता के लिए आपको अपनी इच्छाशक्ति पर निर्भरता कम करके उसे 'SOP' (Standard Operating Procedure) में बदलना होगा।

ऊर्जा का संरक्षण (Conservation of Energy): विलपॉवर को 'बचाना' ही उसे 'इस्तेमाल' करने से बेहतर रणनीति है। जब आप अपने जीवन को ऑटोमेशन और आदतों पर डाल देते हैं, तो आपकी इच्छाशक्ति केवल उन बड़े निर्णयों के लिए सुरक्षित रहती है जो आपके 2035 के मिशन को प्रभावित करते हैं।

PM COACH का विजय मंत्र

"जो काम आपके 'मूड' पर निर्भर है, वह कभी 'साम्राज्य' नहीं बन सकता; जो काम आपके 'सिस्टम' पर निर्भर है, उसे कोई 'शक्ति' रोक नहीं सकती।"

अध्याय 1.2: डोपामिन का मृगतृष्णा (Mirage)

(थीम: मोटिवेशनल वीडियो से मिलने वाले 'नकली अचीवमेंट' का विज्ञान और आपके मस्तिष्क पर इसका दुष्प्रभाव)

नकली जीत का अहसास: जब आप कोई मोटिवेशनल वीडियो देखते हैं या किसी की सफलता की कहानी पढ़ते हैं, तो आपका दिमाग 'डोपामिन' रिलीज करता है। यह वही केमिकल है जो असली जीत मिलने पर निकलता है। नतीजा यह होता है कि आपका मस्तिष्क बिना कोई वास्तविक काम किए 'सफल होने का सुख' महसूस कर लेता है, जिससे असली मेहनत करने की भूख मर जाती है।

प्रेरणा का नशा (Motivation Addiction): जैसे-जैसे आप केवल बाहरी प्रेरणा पर निर्भर होते हैं, आपके दिमाग को काम शुरू करने के लिए और भी ज़्यादा 'हाई-डोज' मोटिवेशन की ज़रूरत पड़ने लगती है। आप एक 'कंज्यूमर' (उपभोक्ता) बन जाते हैं, 'क्रिएटर' (निर्माता) नहीं। एक समय ऐसा आता है जब बिना वीडियो देखे आप एक छोटा कदम भी नहीं उठा पाते।

मृगतृष्णा और मानसिक थकान: डोपामिन का यह उछाल अस्थायी होता है। जैसे ही वीडियो खत्म होता है, आपका डोपामिन लेवल सामान्य से भी नीचे गिर जाता है। यह 'क्रैश' आपको और भी अधिक थका हुआ और उदास महसूस कराता है, जिससे आप फिर से वही 'नशा' ढूँढने निकल पड़ते हैं और असली 'सिस्टम बिल्डिंग' से दूर हो जाते हैं।

डोपामिन डिटॉक्स का विन्यास: एक 'Path Maker' के रूप में, आपको अपनी खुशी 'वीडियो देखने' से नहीं, बल्कि 'चेकलिस्ट पूरी करने' से मिलनी चाहिए। जब आप अपने छोटे-छोटे कार्यों (Tasks) को पूरा करते हैं, तो मिलने वाला डोपामिन असली और टिकाऊ होता है, जो आपको अगले दिन भी ऊर्जा देता है।

PM COACH का विजय मंत्र

"प्रेरणा का वीडियो आपको 'सोचने' पर मजबूर कर सकता है, लेकिन केवल 'सिस्टम' का कोड ही आपको 'जीतने' पर मजबूर करेगा। मृगतृष्णा के पीछे भागना छोड़िए, अपने कुएँ खुद खोदिये।"

अध्याय 1.3: मोटिवेशन बनाम अनुशासन का गणित

(थीम: क्यों 'महसूस करना' सफलता का सबसे बड़ा दुश्मन है और 'कमांड' असली राजा है)

भावनाओं का अनिश्चित ग्राफ: मोटिवेशन एक साइन वेव (Sine Wave) की तरह है—कभी बहुत ऊपर, कभी बिल्कुल नीचे। यदि आप केवल तब काम करते हैं जब आप "प्रेरित महसूस" (Feel Motivated) करते हैं, तो आपकी प्रगति का ग्राफ भी उतना ही अस्थिर होगा। एक 'Path Maker' जानता है कि भावनाओं पर आधारित व्यवसाय कभी भी स्थिर लाभ (Consistent Profit) नहीं दे सकता।

अनुशासन: एक स्थिर स्थिरांक (Constant): गणित में 'स्थिरांक' वह मान है जो कभी नहीं बदलता। अनुशासन भी वही है—यह वह 'कमांड' है जो आपके मूड, मौसम या मानसिक स्थिति की परवाह किए बिना क्रियान्वित (Execute) होता है। जब आप अपनी दिनचर्या को कोड कर देते हैं, तो वह 'फीलिंग' से मुक्त हो जाती है।

महसूस करने का जाल (The 'Feeling' Trap): औसत लोग काम शुरू करने के लिए "सही महसूस" होने का इंतज़ार करते हैं, जबकि सफल लोग काम शुरू करते हैं और काम करने की प्रक्रिया ही उन्हें अंततः सही महसूस कराती है। कार्य (Action) प्रेरणा का परिणाम नहीं, बल्कि उसका जनक (Source) है।

कमांड और कंट्रोल सेंटर: जैसे एक ऑटो ड्राइवर को अपना हैंडल थामना ही पड़ता है चाहे धूप हो या बारिश, वैसे ही एक CEO को अपने 'VAIKAS' डैशबोर्ड के कमांड्स को फॉलो करना पड़ता है। अपनी बुद्धि को भावनाओं का गुलाम बनाने के बजाय उसे अपने सिस्टम का सेनापति (Commander) बनाएँ।

PM COACH का विजय मंत्र

"भावनाएँ आपको 'शुरुआत' की कहानी सुना सकती हैं, लेकिन केवल 'अनुशासन' ही आपको 'साम्राज्य' की चाबी थमा सकता है। अपने मूड को अपनी 'SOP' का गुलाम बनाइये।"

अध्याय 1.4: द बर्निंग फ्यूल ट्रैप (The Burning Fuel Trap)

(थीम: प्रेरणा एक कागज़ की आग की तरह है; क्यों यह आपको शुरुआत तो दिलाती है लेकिन 'लॉन्ग-रन' में जलाकर खाक कर देती है)

अस्थायी प्रज्वलन (Temporary Ignition): प्रेरणा उस कागज की तरह है जिसे जलाते ही बहुत बड़ी लौ उठती है, लेकिन उसमें टिकने की शक्ति नहीं होती। यह आपके भीतर एक 'झूठी छटपटाहट' पैदा करती है, जिससे आप बिना तैयारी के युद्ध के मैदान में कूद पड़ते हैं। एक 'Path Maker' जानता है कि बिना बैकअप सिस्टम के सिर्फ जोश के दम पर शुरू किया गया सफर बीच रास्ते में ही दम तोड़ देता है।

ऊर्जा का असंतुलित व्यय: जब आप अत्यधिक प्रेरित होते हैं, तो आप अपनी पूरी ऊर्जा पहले ही दिन खर्च कर देते हैं। यह 'बर्नआउट' (Burnout) का सबसे बड़ा कारण है। एक ऑटो के इंजन को अगर लगातार उसकी क्षमता से ज़्यादा तेज़ (Over-revving) चलाया जाए, तो वह जाम हो जाएगा। ठीक वैसे ही, केवल प्रेरणा के ईंधन पर चलने वाले उद्यमी बहुत जल्दी थक कर बैठ जाते हैं।

भावनात्मक अस्थिरता का खतरा: जो व्यक्ति आज 'बहुत ज़्यादा' प्रेरित है, वही व्यक्ति कल 'बहुत ज़्यादा' उदास होगा। यह एक चक्र है। प्रेरणा के इस ट्रैप में फंसा व्यक्ति हमेशा बाहरी परिस्थितियों (एक अच्छी कॉल, एक तारीफ, या एक वीडियो) का इंतज़ार करता है ताकि वह फिर से 'ईंधन' भर सके। यह आत्मनिर्भरता के सिद्धांत के विरुद्ध है।

राख का ढेर (The Aftermath of Motivation): जब प्रेरणा की आग बुझती है, तो पीछे केवल 'निराशा' और 'अधूरे काम' का ढेर बचता है। एक 'Path Maker' अपनी सफलता की इमारत मलबे पर नहीं, बल्कि 'अनुशासन की ईंटों' पर खड़ी करता है। हमें चमकने वाली आग नहीं, बल्कि निरंतर चलने वाला इंजन चाहिए।

PM COACH का विजय मंत्र

"कागज की आग से हाथ तो सेंके जा सकते हैं, लेकिन साम्राज्य चलाने वाली भट्ठियाँ केवल 'सिस्टम' के निरंतर ईंधन से ही दहकती हैं। अपनी चमक नहीं, अपनी शक्ति बढ़ाएं।"

अध्याय 1.5: निर्णय की थकान (Decision Fatigue)

(थीम: हर दिन "क्या करना है" यह चुनने में आपकी कितनी दिमागी शक्ति बर्बाद होती है और इसे 'प्री-कोडिंग' से कैसे बचाएं)

इच्छाशक्ति का सीमित भंडार: विज्ञान कहता है कि आपके मस्तिष्क की निर्णय लेने की क्षमता सुबह सबसे अधिक होती है और हर छोटे फैसले के साथ यह घटती जाती है। यदि आप सुबह उठकर यह तय करते हैं कि "आज क्या करना है", तो आप अपने दिन का सबसे महत्वपूर्ण 'Decision Capital' व्यर्थ के कामों में खर्च कर देते हैं। एक 'Path Maker' अपने फैसलों को पहले से तय (Pre-decide) रखता है।

छोटे फैसलों का बोझ: क्या खाना है, कौन सा ईमेल पहले पढ़ना है, या किस फाइल पर काम करना है—ये छोटे निर्णय सुनने में साधारण लगते हैं, लेकिन ये आपके दिमाग को वैसे ही थका देते हैं जैसे एक भारी बोझा उठाना। जब तक आप असली 'हाई-वैल्यू' काम तक पहुँचते हैं, आपका दिमाग थक चुका होता है और आप गलत या आसान रास्ते चुनने लगते हैं।

ऑटो ड्राइवर का सबक: बालेश्वर की गलियों में मैंने सीखा कि अगर मुझे पता है कि अगली सवारी कहाँ से उठानी है, तो मैं ऊर्जा बचाता हूँ। लेकिन अगर मैं सिर्फ सड़क पर घूमकर सवारी ढूँढता हूँ, तो मेरा पेट्रोल और दिमाग दोनों खत्म हो जाते हैं। व्यवसाय में भी, बिना योजना के हर सुबह की शुरुआत ऊर्जा का आत्मदाह है।

कमांड सेंटर बनाम कन्फ्यूजन: सफल होने के लिए आपको अपने दिमाग को 'निर्णय लेने वाली मशीन' से बदलकर 'निष्पादन करने वाली मशीन' (Execution Machine) बनाना होगा। अपनी मानसिक ऊर्जा को उन 10 मिलियन लोगों के विजन के लिए बचाकर रखें, न कि छोटी-छोटी उलझनों के लिए।

PM COACH का विजय मंत्र

"जिस व्यक्ति को रोज़ सुबह यह सोचना पड़े कि उसे आज क्या करना है, वह 'साम्राज्य' नहीं, सिर्फ 'मजदूरी' कर रहा है। अपनी आज़ादी के लिए अपने फैसलों को 'कोड' कीजिये।"

अध्याय 1.6: 'थिंकिंग बिग' का अंधेरा पक्ष

(थीम: बड़े सपने जब बिना 'एक्शन ब्लूप्रिंट' के होते हैं, तो वे मानसिक तनाव और लकवा (Analysis Paralysis) कैसे पैदा करते हैं)

विशालता का भय (The Fear of Magnitude): जब हम "10 मिलियन लोगों का जीवन बदलना" जैसे बड़े लक्ष्य के बारे में केवल सोचते हैं, तो हमारा दिमाग उस विशालता को देखकर डर जाता है। बिना छोटे चरणों (Steps) के, बड़ा सपना एक ऊँचे पहाड़ जैसा दिखता है जिस पर चढ़ने की हिम्मत जुटाने में ही आधी ऊर्जा खत्म हो जाती है। इसे 'मानसिक लकवा' कहते हैं जहाँ व्यक्ति योजना तो बड़ी बनाता है, पर पहला कदम नहीं उठा पाता।

तुलना का ज़हर: बड़ा सोचने के चक्कर में हम अक्सर अपनी वर्तमान स्थिति की तुलना उस बड़े विजन से करने लगते हैं। यह 'गैप' (Gap) हमारे भीतर हीन भावना पैदा करता है। एक 'Path Maker' जानता है कि बड़ा विजन केवल दिशा दिखाने के लिए है, लेकिन ध्यान हमेशा उस 'अगले एक फुट' की दूरी पर होना चाहिए जो हमें अभी तय करनी है।

परफेक्शनिज्म का जाल (The Perfectionism Trap): बड़े सपने अक्सर 'परफेक्शन' की मांग करते हैं। पाठक सोचता है कि जब तक सब कुछ "परफेक्ट" नहीं होगा, वह शुरू नहीं करेगा। यह सोच असल में आलस का ही एक परिष्कृत रूप है। 'VAIKAS' कहता है कि अधूरा 'एक्शन' खाली 'विजन' से करोड़ों गुना बेहतर है।

विखंडन की शक्ति (Power of Deconstruction): बड़े विजन को छोटे-छोटे, उबाऊ और आसान कार्यों में तोड़ना ही एकमात्र समाधान है। जब आप बड़े विजन को 'कोड' में बदल देते हैं, तो वह 'डर' पैदा करने के बजाय 'परिणाम' देने लगता है। बड़ा सोचिये (Think Big), लेकिन उसे 'माइक्रो-टास्क' में प्रोसेस कीजिये।

PM COACH का विजय मंत्र

"बड़े सपने आपकी 'आँखों' को चमक दे सकते हैं, लेकिन केवल छोटी और निरंतर क्रियाएँ (Actions) ही आपके 'बैंक बैलेंस' और 'समाज' को बदल सकती हैं। विजन को बड़ा रखिये, मगर एक्शन को छोटा और सटीक।"

अध्याय 1.7: इच्छाशक्ति का जैविक ढांचा (Biological Structure)

(थीम: हमारे मस्तिष्क के 'प्री-फ्रंटल कॉर्टेक्स' की सीमाएं और क्यों एक थका हुआ दिमाग हमेशा आसान और गलत रास्ता चुनता है)

प्री-फ्रंटल कॉर्टेक्स (PFC) की सीमा: हमारे दिमाग का सामने वाला हिस्सा, जिसे 'प्री-फ्रंटल कॉर्टेक्स' कहते हैं, वही आपकी इच्छाशक्ति और निर्णय लेने का केंद्र है। विडंबना यह है कि यह हिस्सा मस्तिष्क का सबसे नया और सबसे 'नाजुक' हिस्सा है। यह बहुत जल्दी थकता है और इसे चलाने के लिए बहुत अधिक ग्लूकोज (ऊर्जा) की ज़रूरत होती है। जब आप तनाव में होते हैं, तो यह हिस्सा सबसे पहले 'शटडाउन' हो जाता है।

आदिम मस्तिष्क (Primitive Brain) का कब्ज़ा: जैसे ही आपका PFC थकता है, आपके दिमाग का पुराना हिस्सा (Amygdala/Limbic System) नियंत्रण ले लेता है। यह हिस्सा केवल 'सर्वाइवल' और 'आराम' चाहता है। यही कारण है कि दिन भर की थकान के बाद आप जिम जाने के बजाय सोफे पर लेटकर रील (Reels) देखना पसंद करते हैं। यह आपका आलस नहीं, आपकी बायोलॉजी है।

ग्लूकोज और निर्णय का संबंध: रिसर्च बताती है कि जब शरीर में शुगर लेवल कम होता है, तो इंसान की इच्छाशक्ति शून्य हो जाती है। एक 'Path Maker' जानता है कि महत्वपूर्ण निर्णय लेने से पहले शारीरिक ऊर्जा का सही होना ज़रूरी है। खाली पेट या बिना नींद के लिया गया फैसला अक्सर आपके विजन के खिलाफ होता है।

पाथ ऑफ लीस्ट रेजिस्टेंस (Path of Least Resistance): थका हुआ दिमाग हमेशा वह रास्ता चुनता है जिसमें सबसे कम मेहनत लगे। अगर आपके पास सिस्टम (SOP) नहीं है, तो आपका दिमाग "नया काम करने"

की मेहनत से बचने के लिए पुराने ढर्रे पर लौट जाएगा। इसीलिए स्वचालन (Automation) ज़रूरी है, ताकि दिमाग को मेहनत न करनी पड़े।

PM COACH का विजय मंत्र

"इच्छाशक्ति एक 'मांसपेशी' की तरह है जो थकावट के साथ जवाब दे देती है। अपनी सफलता को उस थकी हुई मांसपेशी के भरोसे मत छोड़िये; उसे 'VAIKAS' के लोहे के ढांचे में फिट कर दीजिये।"

अध्याय 1.8: बाहरी प्रेरणा की बैसाखियाँ (Crutches of External Motivation)

(थीम: जब तक गुरु या मेंटर सामने है तब तक काम करना—इस बैसाखी को तोड़कर खुद का 'इनर इंजन' कैसे विकसित करें)

निर्भरता का जाल: बाहरी प्रेरणा एक बैसाखी की तरह है। जब तक कोई आपको धक्का दे रहा है, आप चलते हैं; जैसे ही धक्का देने वाला हाथ हटता है, आप रुक जाते हैं। एक 'Path Maker' दूसरों की बातों से ऊर्जा नहीं लेता, बल्कि अपने 'सिस्टम' के परिणामों से ऊर्जा प्राप्त करता है। यदि आपकी कार्यक्षमता किसी दूसरे के वीडियो या भाषण पर निर्भर है, तो आप अभी भी मानसिक रूप से गुलाम हैं।

मेंटरशिप बनाम लीडरशिप: एक सच्चा मेंटर आपको चलना सिखाता है, न कि हमेशा हाथ पकड़कर रखता है। कई लोग 'सीखने' को ही 'काम करना' मान लेते हैं। वे सालों तक कोर्सेज और सेमिनार्स में भाग लेते रहते हैं ताकि उन्हें वह 'हाई' (High) मिलता रहे, लेकिन धरातल पर उनका 'VAIKAS' शून्य होता है। इसे 'लर्निंग ट्रैप' (Learning Trap) कहते हैं।

स्व-चालित इंजन (Self-Propelled Engine): बालेश्वर में ऑटो चलाते समय कोई मुझे मोटिवेट करने वाला नहीं था। वहाँ इंजन को स्टार्ट करने के लिए खुद ही 'किक' मारनी पड़ती थी। व्यवसाय में भी, आपका अपना 'क्यों' (Why) और आपका 'सिस्टम' ही आपका असली स्टार्टर है। जब इंजन अंदर से स्टार्ट होता है, तो उसे बाहर से पेट्रोल डालने की ज़रूरत नहीं पड़ती।

प्रशंसा की अफीम: जब हम दूसरों की तारीफ या मेंटर की शाबाशी के लिए काम करते हैं, तो हम अपनी प्रगति की चाबी उनके हाथ में दे देते हैं। जिस दिन तारीफ नहीं मिलती, उस दिन हमारा काम रुक जाता है। एक 'Path Maker' का रिवॉर्ड (Reward) उसका 'डेटा' और उसका 'मिशन' होना चाहिए, न कि किसी की तालियाँ।

PM COACH का विजय मंत्र

"दुनिया का सबसे बड़ा मेंटर भी आपको सिर्फ 'रास्ता' दिखा सकता है, उस पर 'चलने' का पेट्रोल आपके अपने सिस्टम से ही आना चाहिए। बैसाखियाँ छोड़िये, खुद का 'एल्गोरिदम' बनिए।"

अध्याय 1.9: 'पॉजिटिव थिंकिंग' का जाल (The Trap of Positive Thinking)

(थीम: क्यों केवल "अच्छा सोचना" आपको आलसी बनाता है और 'सिस्टमैटिक रियलिज्म' (Systematic Realism) क्यों ज़रूरी है)

झूठी सुरक्षा का अहसास: केवल यह सोचना कि "सब कुछ ठीक हो जाएगा" आपके मस्तिष्क को एक झूठी शांति (False Comfort) दे देता है। जब आप केवल सकारात्मक परिणाम की कल्पना करते हैं, तो आपका दिमाग उन बाधाओं के लिए तैयार नहीं होता जो असल में रास्ते में आने वाली हैं। एक 'Path Maker' सकारात्मकता से ज़्यादा 'तैयारी' पर भरोसा करता है।

नकारात्मकता का दमन (Suppression): 'पॉजिटिव थिंकिंग' के चक्कर में लोग वास्तविक समस्याओं और डेटा की अनदेखी करने लगते हैं। यदि आपके व्यवसाय का कैश-फ्लो कम हो रहा है, तो "सब ठीक है" कहना समाधान नहीं, बल्कि आत्महत्या है। हमें 'अंध-सकारात्मकता' नहीं, बल्कि 'क्रिटिकल थिंकिंग' की ज़रूरत है जो समस्याओं को पहचानकर उन्हें 'VAIKAS' के ज़रिए हल करे।

सिस्टमैटिक रियलिज्म (Systematic Realism): सफल लोग 'आशावादी' (Optimistic) होते हैं लेकिन 'यथार्थवादी' (Realistic) तरीके से काम करते हैं। वे सबसे बुरे परिणाम की योजना (Plan for the worst)

पहले ही बना लेते हैं। जब आपके पास हर समस्या के लिए एक 'Back-up System' होता है, तो आपको सकारात्मक रहने के लिए 'कोशिश' नहीं करनी पड़ती; आप स्वाभाविक रूप से शांत रहते हैं।

कर्म बनाम कल्पना: कल्पना (Visualization) तब तक बेकार है जब तक उसके पीछे एक गणितीय प्रक्रिया न हो। बालेश्वर में ऑटो चलाते समय, सिर्फ यह सोचना कि "सवारी मिल जाएगी" पेट नहीं भरता था; सही चौराहे पर सही समय पर खड़े रहना (सिस्टम) सवारी दिलाता था। ब्रह्मांड आपकी 'सोच' को नहीं, आपके 'सिस्टम' की सटीकता को रिवॉर्ड देता है।

PM COACH का विजय मंत्र

"सकारात्मक सोच आपको 'हौसला' दे सकती है, लेकिन केवल 'नकारात्मक संभावनाओं' की तैयारी ही आपको 'विजेता' बना सकती है। अपनी आँखों में 'विजन' रखिये, लेकिन अपने सिस्टम में 'सच्चाई'।"

अध्याय 1.10: मोटिवेशनल इन्फ्लेशन

(थीम: जैसे-जैसे आप मोटिवेशन के आदी होते हैं, आपको काम करने के लिए और बड़े 'डोपामिन हिट' की ज़रूरत क्यों पड़ने लगती है)

महंगाई का मनोविज्ञान (The Inflation Principle): बालेश्वर में मैंने देखा था कि अगर आप किसी सवारी को रोज़ एक ही रास्ता दिखाएँ, तो उसका उत्साह कम हो जाता है। वैसे ही, जब आप रोज़ 'मोटिवेशनल वीडियो' देखते हैं, तो आपका दिमाग उसका आदी (Tolerant) हो जाता है। पहली बार जो वीडियो आपको जोश से भर देता था, वही चौथी बार में बेअसर लगने लगता है। यह 'मोटिवेशनल महंगाई' है—जहाँ उतनी ही ऊर्जा पाने के लिए आपको अब और ज़्यादा बड़े और तीखे 'डोज' की ज़रूरत होती है।

डोपामिन की बढ़ती मांग: हमारा दिमाग 'आसान जीत' का भूखा है। जब मैं ऑटो चलाता था, तो हर सवारी से मिलने वाला पैसा एक असली जीत थी। लेकिन मोटिवेशनल वीडियो सिर्फ एक 'फेक डोपामिन' देते हैं। धीरे-धीरे आपका 'प्री-फ्रंटल कॉर्टेक्स' सुन्न होने लगता है और आपको काम शुरू करने के लिए भी किसी बाहरी चिल्लाहट या भारी संगीत वाले वीडियो की ज़रूरत

पड़ने लगती है। बिना उसके, आप खुद को 'अपंग' महसूस करने लगते हैं।

कर्म का स्थान कल्पना ने लिया: मोटिवेशनल इन्फ्लेशन का सबसे बड़ा खतरा यह है कि आप 'करने' (Doing) से ज़्यादा 'सोचने' (Thinking) और 'महसूस करने' (Feeling) में समय बिताने लगते हैं। आप उस ड्रग एडिक्ट की तरह हो जाते हैं जो सिर्फ़ अगली 'हाई' का इंतज़ार कर रहा है। आपका हुनर धूल खा रहा होता है और आप सिर्फ़ अगले बड़े 'सेमिनार' या 'वीडियो' की तलाश में रहते हैं।

खोखला आत्मविश्वास (Hollow Confidence): जैसे इन्फ्लेशन (महंगाई) में मुद्रा की वैल्यू गिर जाती है, वैसे ही मोटिवेशनल इन्फ्लेशन में आपके 'आत्मविश्वास' की असली वैल्यू गिर जाती है। आपको लगता है कि आप बहुत कुछ जानते हैं क्योंकि आपने बहुत कुछ सुन लिया है, लेकिन धरातल पर आपका 'एक्जीक्यूशन' शून्य होता है। यह एक ऐसा भ्रम है जो आपको सफलता के पास नहीं, बल्कि विफलता के गहरे गड्ढे में ले जाता है।

PM COACH का विजय मंत्र

"मोटिवेशन एक उधार की साँस है, जो आपको ज़िंदा तो रखती है पर कभी 'आज़ाद' नहीं होने देती। जिस दिन आप 'महसूस करने' के बजाय 'सिस्टम को फॉलो' करना शुरू कर देंगे, उस दिन आप मोटिवेशन की इस महंगाई से आज़ाद हो जाएंगे।"

अध्याय 2

बालेश्वर का वह ऑटो और ऑपरेटिंग सिस्टम (OS)

(थीम: जीवन को एक सॉफ्टवेयर की तरह देखना और अनुभवों को कोड में बदलना)

अध्याय 2.1: बालेश्वर का ट्रैफिक और जीवन का घर्षण (Friction)

(थीम: कैसे सड़क का ट्रैफिक मुझे सिखा गया कि बिना प्लान के चलना केवल ईंधन (Energy) की बर्बादी है)

सड़कों का शोर और बिखरा हुआ दिमाग: 2018 में जब मैं बालेश्वर की सड़कों पर ऑटो लेकर निकलता था, तो चारों तरफ शोर, भीड़ और बेतरतीब ट्रैफिक होता था। शुरुआत में मैं भी उसी भीड़ का हिस्सा था—जहाँ सवारी दिखी, वहाँ मुड़ गया। दिन के अंत में थकान बहुत होती थी, लेकिन जेब खाली रहती थी। तब मुझे समझ आया कि जीवन का 'घर्षण' (Friction) बाहरी नहीं, बल्कि आंतरिक है। अगर आपके पास दिशा नहीं है, तो आप सिर्फ शोर मचा रहे हैं, प्रगति नहीं कर रहे।

ईंधन की बर्बादी बनाम उत्पादकता: बिना किसी योजना के शहर के एक कोने से दूसरे कोने तक खाली ऑटो दौड़ाना सिर्फ मेरा पेट्रोल (ईंधन) जला रहा था। व्यापार और जीवन में भी यही होता है। जब हम बिना 'सिस्टम' के हर काम में हाथ डालते हैं, तो हम अपनी मानसिक ऊर्जा (Mental Energy) को जलाते हैं। वह घर्षण हमें थका देता है और हम वहीं खड़े रह जाते हैं जहाँ से शुरू किया था।

ट्रैफिक का मनोविज्ञान: ट्रैफिक मुझे सिखाता था कि रुकावटें अपरिहार्य हैं। लाल बत्ती होगी ही, जाम लगेगा ही। समस्या ट्रैफिक नहीं थी, समस्या मेरी 'प्रतिक्रिया' (Reaction) थी। अगर मैं बिना प्लानिंग के जाम में फंसता, तो मुझे गुस्सा आता। लेकिन अगर मुझे पता होता कि इस वक्त इस रूट पर जाम मिलेगा और मुझे दूसरा रास्ता लेना है, तो मेरा 'घर्षण' कम हो जाता था।

नियोजित मार्ग का महत्व: मैंने बालेश्वर की सड़कों पर 'पैटर्न' देखना शुरू किया। किस समय ट्रेन आती है, किस समय अस्पताल के पास भीड़ होती है—यह मेरा पहला 'डेटा विश्लेषण' था। जब मैंने एक 'प्लान' के साथ ऑटो चलाना शुरू किया, तो मेरा खाली घूमने का समय कम हो गया। घर्षण कम हुआ और 'फ्लो' बढ़ गया। यही जीवन का पहला 'ऑपरेटिंग सिस्टम' सबक था।

PM COACH का विजय मंत्र

"भीड़ का हिस्सा बनकर आप सिर्फ़ धुआँ छोड़ेंगे, मंज़िल तक नहीं पहुँचेंगे। जीवन के 'ट्रैफिक' को दोष देना बंद कीजिये और अपना खुद का 'रूट मैप' तैयार कीजिये। याद रखिये, ईंधन (ऊर्जा) सीमित है, इसे सही दिशा में लगाइये।"

अध्याय 2.2: मीटर का विज्ञान: मापने योग्य प्रगति

(थीम: ऑटो के मीटर ने मुझे सिखाया कि जिस चीज़ को आप नाप (Measure) नहीं सकते, उसे आप सुधार (Improve) भी नहीं सकते)

अंदाजे बनाम हकीकत: शुरुआत में, मैं बस शाम को जेब में हाथ डालकर देखता था कि कितने पैसे बचे हैं। लेकिन वह तरीका गलत था। ऑटो का 'डिजिटल मीटर' मेरा सबसे पहला बिजनेस कोच बना। उसने मुझे दिखाया कि मैंने कितने किलोमीटर की दूरी तय की और उसके बदले कितना किराया मिला। अगर मैं 50 किलोमीटर चला और कमाई सिर्फ़ ₹200 हुई, तो मीटर मुझे बता रहा था कि मेरा 'सिस्टम' फेल है।

मैनेजमेंट का सुनहरा नियम: एक प्रसिद्ध कहावत है—"What gets measured, gets managed." बालेश्वर की सड़कों पर मैंने इसे जिया। अगर मुझे नहीं पता कि मेरा 'कॉस्ट पर किलोमीटर' क्या है, तो मैं कभी मुनाफा नहीं कमा सकता। जीवन में भी, अगर आप अपनी प्रगति को नंबरों में नहीं नाप रहे—चाहे वो आपकी लर्निंग हो या आपकी कमाई—तो आप सिर्फ़ एक अँधेरे कमरे में हाथ-पाँव मार रहे हैं।

ईमानदारी का पैमाना: मीटर कभी झूठ नहीं बोलता। सवारी कहे कि "पैसे ज़्यादा हैं," तो मैं मीटर दिखाता था। वह 'सत्य' का प्रमाण था। व्यवसाय में भी, आपके डेटा और आपके रिकॉर्ड्स आपकी ईमानदारी का प्रमाण होते हैं। जब आप अपनी प्रगति को मापने लगते हैं, तो आप खुद से भी झूठ नहीं बोल पाते। आपको अपनी कमियाँ साफ़ दिखने लगती हैं।

प्रगति की ट्रैकिंग: हर दिन का मीटर रीडिंग मुझे कल से बेहतर होने की चुनौती देता था। आज मैं यही समझाना चाहता हूँ कि बिना 'ट्रैकिंग' के आपकी सफलता एक इत्तेफाक हो सकती है, लेकिन एक 'सिस्टम' नहीं।

VAIKAS में भी यही मीटर लगा है, जो आपको पल-पल की प्रगति का सटीक हिसाब देता है।

PM COACH का विजय मंत्र

"अपनी सफलता को 'महसूस' मत कीजिये, उसे 'मापिये'। भावनाओं में बहकर किया गया व्यवसाय जुआ है, और आंकड़ों पर आधारित व्यवसाय एक साम्राज्य है। अपना मीटर चालू रखिये, प्रगति अपने आप दिखेगी।"

अध्याय 2.3: 'सवारी' बनाम 'लक्ष्य': सही चुनाव का सबक

(थीम: यात्रियों के इंतज़ार और सही अवसर के चुनाव के बीच का अंतर—उद्यमिता में 'राइट ऑडियंस' चुनने का पहला सबक)

हर हाथ देने वाला 'सवारी' नहीं होता: बालेश्वर स्टेशन के बाहर जब मैं ऑटो खड़ा करता था, तो सैकड़ों लोग हाथ देते थे। शुरू-शुरू में मैं हर हाथ देने वाले के पास ऑटो रोक देता था। लेकिन जल्द ही समझ आया कि कुछ लोग सिर्फ किराया पूछने के लिए हाथ देते हैं, और कुछ को ऐसी जगह जाना है जहाँ से वापसी में मुझे कोई सवारी नहीं मिलेगी। यहीं से मैंने सीखा कि व्यापार में हर 'पूछताछ' करने वाला व्यक्ति आपका 'ग्राहक' नहीं होता।

भीड़ और ऑडियंस का फर्क: स्टेशन पर खड़ी भीड़ और मेरी 'सवारी' (Target Audience) में बड़ा फर्क था। मुझे उस सवारी को पहचानना था जिसे वाकई मेरी सर्विस की ज़रूरत थी और जो मेरे समय की सही कीमत दे सके। उद्यमिता में भी यही होता है—अगर आप सबको खुश करने की कोशिश करेंगे, तो आप किसी को भी मंज़िल तक नहीं पहुँचा पाएंगे। मैंने सीखा कि अपनी 'सीट' उसी के लिए खाली रखनी है जो मेरे विजन के साथ मेल खाता हो।

इंतज़ार का धैर्य और सही टाइमिंग: कभी-कभी मैं घंटों खड़ा रहता था क्योंकि मुझे पता था कि अगली ट्रेन आने वाली है जिसमें लंबी दूरी की सवारियाँ मिलेंगी। वह इंतज़ार 'खालीपन' नहीं था, वह एक 'रणनीति' थी। अपनी 'राइट ऑडियंस' के लिए रुकना और गलत सवारी को मना करना ही एक सफल बिजनेस का आधार है। जो लोग हर किसी को अपना माल बेचना

चाहते हैं, वे अक्सर खुद को और अपने सिस्टम को थका देते हैं।

अस्वीकार करने की शक्ति (Power of No): एक ऑटो ड्राइवर के तौर पर 'ना' कहना सीखना मेरे लिए सबसे कठिन लेकिन सबसे ज़रूरी पाठ था। जब आप गलत सवारी को मना करते हैं, तभी आप सही सवारी के लिए जगह बना पाते हैं। मेरी यह 'ना' ही मुझे भीड़ से अलग करती थी और मुझे एक प्रोफेशनल 'Path Maker' की पहचान देती थी।

P M COACH का विजय मंत्र

"आपका ऑटो (बिजनेस) छोटा हो सकता है, लेकिन उसकी सीट किसके लिए है, यह आप तय करेंगे। भीड़ के पीछे मत भागिए, अपनी 'सही सवारी' को पहचानिये। जब आप गलत ग्राहक को 'ना' कहते हैं, तभी आप सही सफलता को 'हाँ' कह पाते हैं।"

अध्याय 2.4: इंजन की सर्विसिंग: सेल्फ-मेंटेनेंस का महत्व

(थीम: यदि ऑटो का इंजन खराब हो तो कमाई बंद हो जाती है; यही सिद्धांत हमारे मस्तिष्क और शरीर के 'ऑपरेटिंग सिस्टम' पर कैसे लागू होता है)

पसीने और ग्रीस की कहानी: बालेश्वर की तपती धूप में जब मेरा ऑटो लगातार चलता था, तो उसका इंजन आग उगलने लगता था। शुरू-शुरू में मैंने सोचा कि इसे बिना रुके चलाता रहूँ ताकि ज़्यादा कमाई हो सके। लेकिन नतीजा क्या निकला? इंजन 'सीज़' होने की कगार पर आ गया। उस दिन मुझे समझ आया कि 'आराम' (Rest) कोई आलस नहीं है, बल्कि यह अगले सफ़र की तैयारी है। हमारा शरीर और दिमाग भी इस ऑटो के इंजन की तरह ही हैं।

चेतावनी के संकेत (Warning Signals): जब ऑटो का इंजन ज़्यादा गरम होता था, तो डैशबोर्ड पर लाल बत्ती जल जाती थी। वैसे ही हमारा शरीर हमें थकान, चिड़चिड़ेपन और तनाव के रूप में 'लाल बत्ती' दिखाता है। मैं बालेश्वर में रुककर इंजन पर पानी डालता था और उसे ठंडा करता था। आज भी, जब काम का दबाव बढ़ता है, तो मैं रुकना सीख गया हूँ। जो

अपनी 'सर्विसिंग' का समय नहीं निकालते, उन्हें कुदरत 'बीमारी' के रूप में ज़बरदस्ती रोक देती है।

लॉन्ग-टर्म निवेश: सर्विसिंग में लगने वाला पैसा और समय 'खर्चा' नहीं, बल्कि 'इन्वेस्टमेंट' है। अगर आज मैं 500 रुपये की सर्विसिंग नहीं कराता, तो कल मुझे 10,000 का नया इंजन डलवाना पड़ता। अपने स्वास्थ्य और अपनी स्किल्स पर समय लगाना भी ऐसा ही निवेश है। एक 'Path Maker' का स्वस्थ रहना उसके पूरे नेटवर्क की सुरक्षा की गारंटी है।

इंजन ही सब कुछ है: ऑटो की बॉडी कितनी भी चमकती हो, अगर इंजन दम तोड़ दे तो वह कबाड़ है। मेरी पहचान मेरे 'टाइटल' से नहीं, बल्कि मेरी 'काम करने की क्षमता' से है। मैंने बालेश्वर में सीखा कि अपनी 'मशीन' (शरीर और मन) का ख्याल रखना ही सबसे बड़ी समझदारी है। क्योंकि अगर इंजन चालू है, तो कमाई के रास्ते तो दोबारा भी ढूंढे जा सकते हैं।

PM COACH का विजय मंत्र

"आपका दिमाग वह इंजन है जो 10 मिलियन लोगों के सपने को खींच रहा है। इसकी सर्विसिंग में लापरवाही मत कीजिये। याद रखिये, एक थका हुआ ड्राइवर और एक गरम हुआ इंजन कभी मंज़िल तक नहीं पहुँचा सकते।"

अध्याय 2.5: रूट मैपिंग: सफलता का GPS

(थीम: गलियों के शॉर्टकट्स ने मुझे सिखाया कि हर मंज़िल तक पहुँचने के लिए एक 'प्रोटोकॉल' और 'नक्शा' ज़रूरी है)

अंजाम की स्पष्टता: जब कोई सवारी आकर बैठती थी, तो मेरा पहला सवाल होता था—"कहाँ जाना है?" अगर मुझे अंतिम पड़ाव साफ़ नहीं पता, तो मैं क्लच भी नहीं दबाता था। व्यापार में भी यही नियम है। लोग काम तो शुरू कर देते हैं, लेकिन उन्हें अपनी 'मंज़िल' का पता ठीक से नहीं होता। जब तक मंज़िल का 'पिन कोड' आपके दिमाग में स्पष्ट नहीं है, तब तक आपकी सारी दौड़-भाग सिर्फ आवारागर्दी है।

शॉर्टकट बनाम स्मार्ट-कट: सड़कों पर चलते हुए मैंने जाना कि हर बार मुख्य रास्ता (Main Road) सबसे तेज़ नहीं होता। कभी-कभी पतली गलियाँ

आपको जाम से बचाकर जल्दी पहुँचा देती हैं। ये गलियाँ ही मेरे 'बिजनेस प्रोटोकॉल' बने। मैंने सीखा कि सफलता के लिए सिर्फ कड़ी मेहनत नहीं, बल्कि उन 'स्मार्ट रास्तों' की पहचान ज़रूरी है जो कम समय में बेहतर परिणाम दें।

बदलाव के लिए तैयार रहना: कभी-कभी जिस रास्ते पर रोज़ चलता था, वहाँ अचानक काम लगा होता था या सड़क बंद मिलती थी। वहाँ मेरा अनुभव मुझे तुरंत दूसरा रास्ता (Alternative Route) चुनने में मदद करता था। एक 'Path Maker' का दिमाग हमेशा 'प्लान-बी' के साथ तैयार रहना चाहिए। ज़िंदगी हमेशा सीधी सड़क नहीं देगी, आपको मोड़ों पर अपनी 'मैपिंग' को अपडेट करते रहना होगा।

सिस्टम ही असली GPS है: आज जब मैं पीछे मुड़कर देखता हूँ, तो समझ आता है कि वह नक्शा सिर्फ़ शहर का नहीं था, बल्कि मेरे सोचने का तरीका बन चुका था। अगर आपके पास एक मज़बूत Standard Operating Procedure (SOP) है, तो आपको हर बार यह नहीं सोचना पड़ेगा कि "अब क्या करूँ?" आपका सिस्टम ही आपका मार्गदर्शक बन जाता है।

PM COACH का विजय मंत्र

"सफलता कोई इत्तेफाक नहीं है, यह एक 'नक्शा' है। अपनी मंज़िल की स्पष्टता और सही रास्तों का चुनाव ही आपको भीड़ से पहले पहुँचने में मदद करेगा। बिना मैप के आप सिर्फ़ भटक सकते हैं, मंज़िल नहीं पा सकते।

अध्याय 2.6: 'किराया' और 'कैशफ्लो' का शुरुआती पाठ

(थीम: हर ट्रिप के बाद मिलने वाला नकद—कैसे छोटे-छोटे 'माइक्रो-प्रॉफिट्स' एक बड़े साम्राज्य की नींव रखते हैं)

पैसे का आना बनाम मुनाफा होना: शुरुआत में मुझे लगता था कि दिन भर में अगर 2000 रुपये हाथ में आए हैं, तो वह सब मेरी कमाई है। लेकिन जल्द ही समझ आया कि उस नकदी (Cash) में पेट्रोल का खर्च, टायर की घिसाई, और इंजन की मेंटेनेंस भी शामिल है। व्यापार का पहला सबक यही है—जो पैसा गल्ले में आता है, वह सब आपका नहीं होता। जब तक आप 'खर्च' और 'शुद्ध लाभ' (Net Profit) के बीच की लकीर नहीं खींचते, आप

सिर्फ़ एक भ्रम में जी रहे हैं।

चिल्लर की ताकत (The Power of Micro-Profits): सड़कों पर काम करते हुए मैंने कभी 5 या 10 रुपये को छोटा नहीं समझा। एक-एक सवारी से मिलने वाला वह छोटा किराया ही शाम को एक बड़ी रकम बनता था। बहुत से उद्यमी बड़े मुनाफे के चक्कर में उन छोटे-छोटे 'कैशफ्लो' के रास्तों को नज़रअंदाज़ कर देते हैं जो उनके व्यापार की रीढ़ होते हैं। मैंने सीखा कि छोटे और निरंतर आने वाले मुनाफे ही बुरे वक्त में आपके काम को गिरने से बचाते हैं।

दैनिक हिसाब की शुचिता: मेरा नियम था—दिन खत्म होने पर जेब खाली करके पाई-पाई का हिसाब लिखना। अगर ₹10 का हिसाब भी नहीं मिल रहा, तो इसका मतलब है कि मेरा सिस्टम लीक हो रहा है। आज जब मैं बड़े प्रोजेक्ट्स पर काम करता हूँ, तो भी वही आदत साथ है। जो व्यक्ति अपने छोटे खर्चों पर लगाम नहीं लगा सकता, वह बड़े निवेश को कभी संभाल नहीं पाएगा। हिसाब में 'ढिलाई' असल में आपके व्यापार की 'तबाही' की शुरुआत है।

पैसे से पैसा बनाना: जब मैंने उस छोटे-छोटे किराए से बचत करना शुरू किया, तभी मैं अपने काम को अपग्रेड कर पाया। वह पैसा सिर्फ़ खर्च करने के लिए नहीं था, वह अगले बड़े कदम की 'पूँजी' थी। मैंने सीखा कि पैसे का सही प्रबंधन ही आपको 'मज़दूर' से 'मालिक' बनाता है। SAHAYT में मेरा विजन भी यही है—लोगों को उनके छोटे-छोटे हुनर से बड़ा कैशफ्लो बनाना सिखाना।

PM COACH का विजय मंत्र

"जिस दिन आप अपने एक-एक रुपये का सम्मान करना सीख जाएंगे, उस दिन पैसा आपका सम्मान करना शुरू कर देगा। हिसाब में 'अंदाजा' मत लगाइए, 'सटीकता' लाइए। छोटा-छोटा मुनाफा ही कल के बड़े साम्राज्य का ईंधन बनेगा।"

अध्याय 2.7: गियर शिफ्टिंग का मनोविज्ञान: कब तेज़ दौड़ना है और कब धीमे होना है

(थीम: व्यवसाय में 'स्केलिंग' और 'सर्वाइवल' के बीच गियर बदलने की कला)

पहले गियर का शोर और ताकत: जब मैं बालेश्वर की चढ़ाई वाले पुल पर ऑटो चढ़ाता था, तो मैं सीधे टॉप गियर नहीं लगा सकता था। वहां मुझे 'पहले गियर' की ज़रूरत होती थी। रफ़्तार भले ही 5 की हो, लेकिन ताकत (Torque) इतनी कि पूरी गाड़ी का वजन खींच ले। व्यापार की शुरुआत भी ऐसी ही होती है—शोर बहुत होगा, मेहनत बहुत लगेगी, लेकिन प्रगति धीरे दिखेगी। लोग यहीं हार मान लेते हैं क्योंकि वे 'रफ़्तार' चाहते हैं। पर याद रखिये, शुरुआत में 'स्केलिंग' नहीं, 'स्टेबिलिटी' (स्थिरता) चाहिए।

सर्वाइवल (Survival) का गियर: कभी-कभी भारी बारिश या गड्ढों वाली सड़क आ जाती थी। वहां मैं दूसरे या तीसरे गियर पर आ जाता था। यह 'पीछे हटना' नहीं है, यह 'बचे रहने' (Survival) की कला है। अगर बिज़नेस में मंदी आए या कोई रुकावट, तो अपने खर्चों और रफ़्तार का गियर नीचे गिरा लीजिये। जो ड्राइवर गड्ढे में भी चौथे गियर में गाड़ी दौड़ाता है, उसका सस्पेंशन और धंधा दोनों टूट जाते हैं।

स्केलिंग (Scaling) का रोमांच: जैसे ही मुझे साफ़ और खाली हाईवे दिखता, मेरी उँगलियाँ अपने आप चौथे और पांचवें गियर की तरफ बढ़ती थीं। वह रफ़्तार का अहसास अद्भुत होता है! व्यापार में भी जब आपका सिस्टम सेट हो जाए और रास्ता साफ़ दिखे, तब पूरी ताकत से 'स्केल' कीजिये। तब डरना नहीं है, क्योंकि आपका इंजन (Process) अब उस रफ़्तार के लिए तैयार है। लेकिन याद रखिये, गियर तभी बदलें जब सड़क (Market) इसकी इजाज़त दे।

इंजन की आवाज़ ही मेरा डेटा है: मैं ऑटो के इंजन की थरथराहट से समझ जाता था कि इसे अब अगले गियर की भूख है। एक 'Path Maker' के तौर पर आपको अपने बिज़नेस की नब्ज़ पहचाननी होगी। जब आपके पास काम का लोड बढ़ने लगे और आप अकेले न संभाल पाएं, तो समझिये

कि अब 'मैनुअल' से 'ऑटोमेशन' के गियर में जाने का वक्त आ गया है। 10 मिलियन का सफर इसी सही गियर शिफ्टिंग से तय होगा।

PM COACH का विजय मंत्र

"एक्सीलरेटर दबाना बहादुरी नहीं है, सही समय पर गियर बदलना बुद्धिमानी है। अगर आपको पता है कि कब धीमे होना है और कब तेज़ दौड़ना है, तो दुनिया की कोई भी चढ़ाई आपको थका नहीं पाएगी। अपनी रफ़्तार का मालिक खुद बनिए!"

अध्याय 2.8: ऑटो का ढांचा बनाम जीवन का ढांचा: मानसिक मज़बूती का अनुभव

(थीम: एक मज़बूत चेसिस (Chassis) के बिना कोई भी मशीन लोड नहीं उठा सकती; अपने मानसिक ढांचे को मज़बूत करने का अनुभव)

चमकता पेंट बनाम लोहे का दम: जब कोई नया ऑटो देखता है, तो उसकी नज़र उसके चमकदार रंग और स्टीकर्स पर जाती है। लेकिन बालेश्वर की उन ऊबड़-खाबड़ गलियों में, पेंट काम नहीं आता। वहां काम आता है गाड़ी का 'चेसिस'—वो लोहे का ढांचा जो पूरी मशीन को बांधे रखता है। मैंने सीखा कि इंसान की सफलता भी उसके 'दिखावे' (Show-off) पर नहीं, बल्कि उसके आंतरिक ढांचे (Character) पर टिकी होती है। अगर आपका मानसिक ढांचा कमज़ोर है, तो आप सफलता का थोड़ा सा भी वजन सह नहीं पाएंगे।

लोड सहने की औकात: एक बार स्टेशन से मेरे ऑटो में क्षमता से ज़्यादा सामान और सवारियां बैठ गईं। जैसे ही मैंने चढ़ाई शुरू की, पूरी बॉडी चरमराने लगी। उस वक्त मुझे समझ आया कि अगर मुझे 'बड़ा काम' करना है, तो मुझे अपनी मशीन के 'लोड सहने की क्षमता' बढ़ानी होगी। व्यापार में भी, जब आप 10 मिलियन लोगों का विजन लेकर चलते हैं, तो ज़िम्मेदारी का वजन बहुत होता है। क्या आपका दिमाग उस तनाव को झेलने के लिए तैयार है? मज़बूत ढांचा रातों-रात नहीं, बल्कि भारी बोझ तले दबकर ही बनता है।

झटकों को सोखना (The Shock Absorber): सड़क पर गड्ढा आए और ऑटो न टूटे, इसके लिए सस्पेंशन और ढांचे का तालमेल ज़रूरी है। मेरी ज़िंदगी के गड्ढे—जैसे 2018 में ऑटो चलाना और संघर्ष करना—मेरे लिए 'शॉक एब्जॉर्बर्स' की तरह थे। उन्होंने मुझे सिखाया कि जब मुश्किलें आएं, तो टूटना नहीं है, बल्कि थोड़ा 'लचीला' होकर उस झटके को सह लेना है। जिसका ढांचा अकड़ा हुआ (Rigid) होता है, वो अक्सर टूट जाता है; जिसका ढांचा मज़बूत और लचीला होता है, वो बाउंस बैक करता है।

सिस्टम का कंकाल: जैसे शरीर के लिए हड्डियाँ और ऑटो के लिए चेसिस होता है, वैसे ही मेरे व्यापार के लिए मेरा 'सिस्टम' (VAIKAS) मेरा ढांचा है। लोग बाहर से प्रॉडक्ट देखते हैं, लेकिन मैं उस ढांचे पर ध्यान देता हूँ जो उस प्रॉडक्ट को सँभाले हुए है। आज मैं गर्व से कहता हूँ कि मेरा ढांचा अब इतना मज़बूत है कि वह लाखों लोगों की उम्मीदों का वजन उठा सकता है।

PM COACH का विजय मंत्र

"दुनिया आपका रंग देखेगी, लेकिन कुदरत आपका 'ढांचा' परखेगी। अगर आपको बड़ा साम्राज्य खड़ा करना है, तो पहले अपनी सहनशक्ति का लोहा पक्का कीजिये। याद रखिये, ढांचा मज़बूत होगा तभी मंज़िल खूबसूरत होगी!"

अध्याय 2.9: 'बग्स' की पहचान: जब सिस्टम फेल होता है

(थीम: सड़क पर टायर फटना या इंजन का रुकना—इन 'बग्स' को ठीक करने की प्रक्रिया ने मुझे SOP बनाना सिखाया)

सड़क के बीचों-बीच मिला सबक: कल्पना कीजिये, पीछे सवारियाँ बैठी हैं, स्टेशन पहुँचने की जल्दी है और अचानक—'फटाक!' टायर फट गया या इंजन से धुआँ निकलने लगा। वह जो लाचारी का पल होता है न, वही व्यापार में 'सिस्टम फेलियर' (System Failure) है। वहां बैठकर किस्मत को रोने से काम नहीं चलता। वहां आपको तुरंत 'मैकेनिक' बनना पड़ता है। मैंने सीखा कि हर खराबी (Bug) असल में एक संकेत है कि मेरे सिस्टम में कहाँ सुधार की ज़रूरत है।

रिएक्टिव बनाम प्रो-एक्टिव (Reactive vs Pro-active): शुरू में, मैं तब जागता था जब ऑटो रुक जाता था। लेकिन धीरे-धीरे मैंने सीखा कि आवाज़ बदलने से ही पहचान लो कि 'बग' आने वाला है। व्यापार में भी, समस्या आने का इंतज़ार मत कीजिये। अगर आपका सेल्स गिर रहा है या टीम ढीली पड़ रही है, तो ये 'बग्स' के शुरुआती लक्षण हैं। मैंने बालेश्वर में ही सीख लिया था कि 'Pre-check' (काम शुरू करने से पहले की जाँच) आपको रास्ते की बड़ी मुसीबत से बचा लेती है।

SOP (Standard Operating Procedure) का जन्म: टायर फटने पर मुझे पता था: पहले जैक लगाना है, फिर बोल्ट ढीले करने हैं, फिर स्टेपनी चढ़ानी है। यह एक 'प्रोटोकॉल' था। मैंने इसी को व्यापार में उतारा। अगर कोई काम बिगड़े, तो उसे ठीक करने का एक 'स्टैण्डर्ड तरीका' होना चाहिए ताकि अगली बार कोई भी (सिर्फ मैं ही नहीं) उसे ठीक कर सके। जब आप अपनी समस्याओं का समाधान 'कोड' या 'चेकलिस्ट' में बदल देते हैं, तो उसे ही VAIKAS का 'ऑटोमेशन' कहते हैं।

विफलता ही अपडेट है: सॉफ्टवेयर की दुनिया में जब 'बग' आता है, तो उसे ठीक करके 'नया वर्जन' निकाला जाता है। मेरा ऑटो भी हर खराबी के बाद पहले से बेहतर होकर सड़क पर उतरता था। विफलता से डरिए मत, उसे अपने सिस्टम के 'अपडेट' की तरह इस्तेमाल कीजिये। आज मेरा जो 'Path Maker' मॉडल है, वह सैकड़ों बार फेल होकर और सैकड़ों बग्स को ठीक करके ही इतना मज़बूत बना है।

PM COACH का विजय मंत्र

"समस्या आना 'बग' नहीं है, उस समस्या का समाधान न ढूँढना असली 'बग' है। अपनी हर गलती को एक 'SOP' में बदल दीजिये, ताकि भविष्य में वही पत्थर आपकी राह का रोड़ा न बन सके। याद रखिये, एक मज़बूत सिस्टम वही है जो अपनी कमियों से सीखकर बना हो!"

अध्याय 2.10: सड़क से सॉफ्टवेयर तक का मानसिक संक्रमण

(थीम: वह क्षण जब मैंने महसूस किया कि मेरा ऑटो एक मशीन है और मेरा जीवन भी एक ऐसी ही मशीन बन सकता है जिसे 'एल्गोरिदम' से चलाया जा सके)

मशीन की भाषा समझना: ऑटो चलाते-चलाते एक रात मैंने सोचा—यह मशीन सिर्फ इसलिए चल रही है क्योंकि इसमें इनपुट (पेट्रोल), प्रोसेसिंग (इंजन का दहन) और आउटपुट (रफ़्तार) का एक निश्चित नियम है। अगर मैं इन नियमों को बदल दूँ, तो यह नहीं चलेगी। अचानक बिजली की तरह एक विचार कौंधा: क्या मेरा जीवन भी एक मशीन नहीं है? अगर मैं अपने रोज़मर्रा के कामों को 'इनपुट' और अपनी सफलता को 'आउटपुट' मान लूँ, तो बीच का 'प्रोसेस' मेरा अपना 'सॉफ्टवेयर' हो सकता है।

एल्गोरिदम का जन्म: एल्गोरिदम कुछ और नहीं, बस एक समस्या को सुलझाने का 'स्टेप-बाय-स्टेप' तरीका है। बालेश्वर की गलियों में सवारी ढूँढने से लेकर किराया वसूलने तक, मैं अनजाने में एक एल्गोरिदम ही तो फॉलो कर रहा था। मैंने महसूस किया कि अगर मैं अपनी मेहनत को 'रैंडम' (बेतरतीब) छोड़ने के बजाय उसे 'कोड' कर दूँ, तो सफलता इत्तेफाक नहीं, बल्कि गारंटी बन जाएगी। सड़क का 'मैप' अब मेरे दिमाग में एक 'फ्लोचार्ट' बनने लगा था।

ड्राइवर से प्रोग्रामर तक का सफर: उस दिन मैंने फैसला किया कि मैं अब अपनी ज़िंदगी का 'पैसेंजर' बनकर नहीं रहूँगा, बल्कि उसका 'प्रोग्रामर' बनूँगा। मुझे समझ आया कि जैसे सॉफ्टवेयर में 'बग' होने पर उसे सुधारा जाता है, वैसे ही मेरी गरीबी और मेरे संघर्ष सिर्फ मेरे जीवन के 'सॉफ्टवेयर' में कुछ छोटी खराबियाँ (Bugs) हैं। उन्हें कोसने के बजाय मुझे बस अपना 'OS' (ऑपरेटिंग सिस्टम) अपडेट करना था।

VAIKAS का पहला बीज: वही मानसिक संक्रमण (Transition) आज VAIKAS है। सड़क ने मुझे सिखाया कि सिस्टम क्या होता है, और सॉफ्टवेयर ने मुझे उसे 'स्केल' करना सिखाया। वह ऑटो की सीट ही मेरा पहला 'ऑफिस' थी, जहाँ मैंने सीखा कि अगर आप अपने दिमाग को सही तरीके से 'प्रोग्राम' कर लें, तो आप बालेश्वर की सड़कों से निकलकर 10

मिलियन लोगों की ज़िंदगी बदलने वाला साम्राज्य खड़ा कर सकते हैं।

PM COACH का विजय मंत्र

"आपका जीवन कोई संयोग नहीं है, यह आपके द्वारा चुने गए 'इनपुट' का परिणाम है। जिस दिन आप अपनी आदतों को 'कोड' करना सीख जाएंगे, उस दिन आप परिस्थितियों के गुलाम नहीं, बल्कि अपने भाग्य के 'आर्किटेक्ट' बन जाएंगे। याद रखिये, सॉफ्टवेयर बदलोगे तो आउटपुट अपने आप बदल जाएगा!"

अध्याय 3

VAIKAS: अपरिहार्य सफलता का ब्लूप्रिंट

(थीम: सफलता के 6 स्तंभों का तकनीकी और दार्शनिक विश्लेषण)

अध्याय 3.1: V-Valiant (साहसी): जोखिम लेने का जिगर

(थीम: क्यों एक उद्यमी के लिए साहसी होना पहली शर्त है और 'गणना किए हुए जोखिम' (Calculated Risk) का महत्व)

डर सबको लगता है, पर रुकता कौन है?: बालेश्वर में जब मैंने पहली बार अपना ऑटो सड़क पर उतारा था, तो हाथ काँप रहे थे। डर इस बात का नहीं था कि एक्सीडेंट हो जाएगा, डर इस बात का था कि अगर आज कमाई नहीं हुई तो चूल्हा कैसे जलेगा? 'Valiant' होने का मतलब डर का न होना नहीं है, बल्कि डर के बावजूद गियर डालकर आगे बढ़ जाना है। व्यापार में भी, जो रिस्क लेने से डरता है, वह सिर्फ सुरक्षित किनारे पर खड़ा रह सकता है, समंदर पार नहीं कर सकता।

कैलकुलेटेड रिस्क बनाम जुआ: साहस का मतलब आँखें बंद करके खाई में कूदना नहीं है। ऑटो चलाते वक्त जब मैं ओवरटेक करता था, तो मेरी नज़र सामने वाली गाड़ी की दूरी और अपने इंजन की ताकत पर होती थी। यही 'Calculated Risk' है। उद्यमिता में भी, जब मैंने SAHAYT की नींव रखी, तो वह कोई जुआ नहीं था। वह मेरे संघर्षों और अनुभवों का एक सटीक गणित था। साहस वह है जो आपको डेटा के आधार पर बड़ा फैसला लेने की हिम्मत दे।

असफलता का सामना करने की हिम्मत: 'Valiant' वह है जो अपनी हार की ज़िम्मेदारी खुद लेता है। बालेश्वर की सड़कों पर अगर कभी टायर फटा या सवारी नहीं मिली, तो मैंने सरकार या किस्मत को दोष नहीं दिया। मैंने उस स्थिति का सामना किया। एक उद्यमी के रूप में, आपके पास वह जिगर होना चाहिए कि जब सिस्टम फेल हो, तो आप सीना तानकर खड़े हों और कहें—"मैं इसे ठीक करूँगा।" यह साहस ही आपको आपके नेटवर्क के सामने एक 'Path Maker' बनाता है।

भीड़ के खिलाफ खड़ा होना: जब मैंने 'सिस्टम' और 'एल्गोरिदम' की बात शुरू की, तो लोगों ने मज़ाक उड़ाया। एक ऑटो चलाने वाला सॉफ्टवेयर और ऑटोमेशन की बात कैसे कर सकता है? उस वक्त अपनी बात पर अड़े रहना और अपनी प्रामाणिकता (Authenticity) पर भरोसा रखना सबसे बड़ा साहस था। VAIKAS का पहला अक्षर 'V' इसीलिए है, क्योंकि बिना

साहस के बाकी के चार स्तंभ खड़े ही नहीं हो सकते।

PM COACH का विजय मंत्र

"साहस बाज़ुओं में नहीं, आपके फैसलों में होता है। अगर आप डूबने के डर से अपनी नाव किनारे पर ही रखेंगे, तो कभी नए महाद्वीप नहीं खोज पाएंगे। वीर बनिए, क्योंकि दुनिया उन्हीं को रास्ता देती है जो खुद अपना रास्ता बनाने का जिगर रखते हैं!"

अध्याय 3.2: A-Authentic (प्रामाणिक): बिना नकाब की सफलता

(थीम: क्यों अपनी गरीबी और संघर्ष को छुपाने के बजाय उसे अपनी 'ब्रांड स्टोरी' बनाना ही आपकी सबसे बड़ी ताकत है)

जड़ों की स्वीकारोक्ति: बालेश्वर की सड़कों पर पसीने से भीगा हुआ मेरा वह कुर्ता मेरा अपमान नहीं, बल्कि मेरा सम्मान था। मैंने कभी यह नहीं कहा कि मैं एक "बिजनेस कंसल्टेंट" हूँ, मैंने हमेशा गर्व से कहा कि मैं एक "ऑटो ड्राइवर" हूँ जो सिस्टम को डिकोड कर रहा है। प्रामाणिकता का मतलब है अपनी वास्तविकता को स्वीकार करना। जब आप अपनी जड़ों को स्वीकार कर लेते हैं, तो दुनिया की कोई भी ताकत आपको नीचा नहीं दिखा सकती।

दिखावे की महंगी कीमत: आज के उद्यमी अक्सर अपनी पहली कमाई से 'दिखावे' (Show-off) के लिए महंगी चीजें खरीदते हैं ताकि वे सफल दिख सकें। यह एक 'Fake OS' (नकली ऑपरेटिंग सिस्टम) चलाने जैसा है। मैंने सीखा कि असली 'Authentic' लीडर वह है जिसके शब्द और उसके हालात एक समान हों। अगर आप अंदर से संघर्ष कर रहे हैं और बाहर से राजा बनने का नाटक, तो आपका मानसिक ढांचा (Chassis) जल्दी ही ढह जाएगा।

कहानियों में जान (Power of Truth): लोग डेटा या आंकड़ों से नहीं जुड़ते, वे 'सच्चाई' से जुड़ते हैं। जब मैं SAHAYT में अपनी बालेश्वर की यात्रा सुनाता हूँ, तो लोग इसलिए नहीं सुनते कि वह एक रोचक कहानी है, बल्कि इसलिए सुनते हैं क्योंकि वह सच है। आपकी प्रामाणिकता ही आपकी

सबसे बड़ी 'ब्रांडिंग' है। सच्चाई में वह आकर्षण होता है जिसे करोड़ों के विज्ञापन से भी नहीं खरीदा जा सकता।

साधारण से असाधारण: एक प्रामाणिक व्यक्ति वह है जो अपनी सादगी को अपनी शक्ति बना लेता है। मेरा ऑटो ड्राइवर होना मेरी कमजोरी नहीं, मेरा 'Authentic' पहलू था। यही वह 'A' है जो VAIKAS को मानवीय बनाता है। बिना प्रामाणिकता के, ऑटोमेशन सिर्फ एक ठंडी मशीन है, लेकिन सच्चाई के साथ मिलकर यह एक 'क्रांति' बन जाता है।

PM COACH का विजय मंत्र

"दुनिया आपको वैसा ही स्वीकार करेगी जैसा आप खुद को पेश करेंगे। अगर आप अपनी सच्चाई पर शर्मिंदा होंगे, तो दुनिया आपको डराएगी; अगर आप अपनी जड़ों पर गर्व करेंगे, तो दुनिया आपका अनुसरण करेगी। ओरिजिनल बनिए, क्योंकि कॉपी की कीमत हमेशा कम होती है!"

अध्याय 3.3: I-Inimitable (अद्वितीय): कॉपी-पेस्ट के बाज़ार में ओरिजिनल

(थीम: अपना ऐसा 'यूनीक सेलिंग पॉइंट' (USP) तैयार करना जिसे कोई भी प्रतिद्वंद्वी चुरा न सके)

नकल का अंत: बाज़ार का एक कड़वा सच है—जैसे ही आप कुछ अच्छा करेंगे, लोग आपकी नकल करना शुरू कर देंगे। बालेश्वर में अगर मैंने किसी नए रूट पर कमाई शुरू की, तो अगले दिन चार और ऑटो वहां खड़े मिलते थे। वहीं मैंने सीखा कि अगर आप वही कर रहे हैं जो सब कर रहे हैं, तो आप 'रिप्लेसेबल' (Replaceable) हैं। 'Inimitable' होने का मतलब है ऐसा कुछ तैयार करना जो आपके व्यक्तित्व, आपके पसीने और आपके संघर्ष से बना हो—जिसे कोई सॉफ्टवेयर या प्रतिद्वंद्वी कॉपी न कर सके।

अनुभव का पेटेंट: कोई मेरी बातों की नकल कर सकता है, मेरे सिस्टम का नाम चुरा सकता है, लेकिन बालेश्वर की उन रातों का मेरा 'अनुभव' कोई नहीं चुरा सकता। आपका संघर्ष ही आपकी सबसे बड़ी 'बौद्धिक संपदा' (Intellectual Property) है। जब हम VAIKAS की बात करते हैं, तो यह

सिर्फ एक टूल नहीं है; इसमें एक ऑटो ड्राइवर की मेहनत और एक CEO का विजन घुला हुआ है। यह मिश्रण ही इसे 'Inimitable' बनाता है।

भीड़ से अलग दिखने का साहस: ज़्यादातर लोग 'ट्रेंड' के पीछे भागते हैं। जब सब दाएँ मुड़ रहे हों, तब यह पहचानना कि आपके लिए बाएँ मुड़ना क्यों ज़रूरी है, यही आपको अद्वितीय बनाता है। मैंने अपनी कमियों को ही अपनी 'यूनीकनेस' बना लिया। एक कोच जो किताबी ज्ञान नहीं, बल्कि 'सड़क का ज्ञान' देता है—यही मेरी वह पहचान है जिसने मुझे लाखों की भीड़ में भी अलग खड़ा कर दिया।

सिस्टम की जटिलता और सादगी: एक बेहतरीन सिस्टम वह होता है जो बाहर से देखने में बहुत 'साधारण' लगे, लेकिन उसके अंदर के 'लॉजिक' इतने गहरे हों कि कोई उन्हें समझ न पाए। VAIKAS का ढांचा इसी सिद्धांत पर है। लोग सोचते हैं यह सिर्फ ऑटोमेशन है, लेकिन इसके पीछे की 'Kinetic' ऊर्जा और 'Authentic' जड़ें इसे एक अभेद्य किला बना देती हैं।

PM COACH का विजय मंत्र

"दुनिया में सब कुछ कॉपी किया जा सकता है—प्रॉडक्ट, प्राइस और प्रोमोशन। लेकिन आपका 'कैरेक्टर' और आपका 'क्रेजी विजन' कोई कॉपी नहीं कर सकता। खुद को इतना अनूठा बनाइये कि लोग आपकी नकल तो करना चाहें, पर आपकी बराबरी कभी न कर पाएं!"

अध्याय 3.4: K-Kinetic (गतिशील): विचार से क्रिया तक का वेग

(थीम: बहुत से लोग सोचते रह जाते हैं, लेकिन 'काइनेटिक' मॉडल सिखाता है कि विचार को तुरंत 'एक्शन' में कैसे बदलें ताकि मोमेंटम न टूटे)

जड़ता बनाम गति (Inertia vs Motion): भौतिकी (Physics) का एक नियम है—जो चीज़ रुकी हुई है, उसे हिलाने में सबसे ज़्यादा ताकत लगती है। ऑटो को धक्का मारना सबसे मुश्किल काम था, लेकिन एक बार पहिए घूमने लगे, तो फिर उसे उंगली से भी धक्का दिया जा सकता था। व्यापार

में भी 'शुरुआत' का डर ही सबसे बड़ी जड़ता है। 'Kinetic' होने का मतलब है—जैसे ही दिमाग में विचार आए, उसे पहले गियर में डाल देना। परफेक्शन का इंतज़ार मत कीजिये, बस पहिया घुमा दीजिये।

मोमेंटम का जादू: जब मैं बालेश्वर के हाईवे पर रफ़्तार पकड़ता था, तो हवा के दबाव से गाड़ी खुद-ब-खुद आगे भागती थी। इसे ही 'Business Momentum' कहते हैं। जब आप लगातार छोटे-छोटे एक्शन लेते हैं, तो एक ऐसी ऊर्जा पैदा होती है जो आपकी बाधाओं को छोटा कर देती है। अगर आप रुक गए, तो फिर से शुरुआत करने में उतनी ही मेहनत लगेगी। इसीलिए, VAIKAS में 'K' का मतलब है—कभी न रुकने वाली गति।

विचारों की एक्सपायरी डेट: एक शानदार आईडिया अगर तुरंत अमल में न लाया जाए, तो वह बासी हो जाता है। बालेश्वर में अगर मुझे पता चलता कि फलां जगह मेला लगा है, तो मैं उसी वक्त वहां पहुँचता था। अगर मैं अगले दिन का इंतज़ार करता, तो मौका हाथ से निकल जाता। 'Kinetic' मानसिकता आपको 'असरदार' (Effective) बनाती है। जो लोग "कल करेंगे" कहते हैं, उनका कल कभी नहीं आता।

एक्शन ही एकमात्र उत्तर है: हर समस्या का समाधान सोचने में नहीं, कुछ 'करने' में है। अगर गाड़ी बंद हो गई, तो बैठकर रोने से वह चालू नहीं होगी; आपको नीचे उतरकर बोनट खोलना ही पड़ेगा। मेरा यह 'Path Maker' मॉडल उन लोगों के लिए है जो सिर्फ सपने नहीं देखते, बल्कि उन सपनों को धरातल पर उतारने के लिए 'काइनेटिक' ऊर्जा का इस्तेमाल करते हैं।

PM COACH का विजय मंत्र

"दुनिया को आपके 'विचारों' की चिंता नहीं है, उसे आपके 'परिणामों' की परवाह है। और परिणाम सिर्फ 'एक्शन' से आते हैं। सोचना बंद कीजिये और करना शुरू कीजिये। एक बार जब आप गति (Motion) में आ जाएंगे, तो रास्ते के पत्थर भी आपके लिए रास्ता छोड़ देंगे!"

अध्याय 3.5: A-Automated (स्वचालित): अपनी मौजूदगी से आज़ादी

(थीम: सिर्फ मशीनें नहीं, बल्कि ऐसी प्रक्रियाओं का निर्माण जो आपके बिना भी आपके व्यापार को बढ़ाती रहें)

जब मैं नहीं, तो कमाई नहीं: बालेश्वर में एक दिन मुझे बहुत तेज़ बुखार था। मैं घर पर पड़ा था और मेरा ऑटो बाहर खड़ा था। उस दिन मुझे एक कड़वा सच समझ आया—जब तक चक्का घूम रहा है, तब तक पैसा आ रहा है; जिस दिन मैं बीमार पड़ा, उसी दिन कमाई 'जीरो' हो गई। यह आज़ादी नहीं, एक सुनहरी ज़ंजीर थी। मैंने तभी ठान लिया था कि मुझे कुछ ऐसा बनाना है जो मेरे सोने के बाद भी या मेरे बीमार होने पर भी चलता रहे।

SOP: मेरा 'जुगाड़' से 'सिस्टम' तक का सफर: शुरुआत में मैं हर सवारी से खुद मोल-भाव करता था। फिर मैंने दिमाग लगाया—क्यों न फिक्स रेट कार्ड लगा दूँ? जैसे ही मैंने वो कार्ड लगाया, मेरा आधा सिरदर्द खत्म हो गया। अब सवारी को मुझसे पूछना नहीं पड़ता था। बिज़नेस में 'Automated' होने का पहला कदम यही है—अपनी जानकारी को एक 'सिस्टम' या 'चेकलिस्ट' में बदल देना, ताकि आपके बिना भी काम उसी क्वालिटी से हो सके।

इंसान थकता है, प्रोसेस नहीं: आप 24 घंटे काम नहीं कर सकते, आपकी टीम भी नहीं कर सकती। लेकिन एक 'Automated' सिस्टम कभी नहीं सोता। बालेश्वर की सड़कों पर मैंने देखा कि जो बड़े ट्रांसपोर्टर थे, उनके पास गाड़ियाँ खुद काम कर रही थीं और वे ऑफिस में बैठे थे। मैंने सीखा कि असली 'Path Maker' वह है जो खुद काम करने के बजाय 'काम करने वाली मशीन' (System) बनाता है। VAIKAS में ऑटोमेशन का मतलब सिर्फ़ कंप्यूटर नहीं, बल्कि एक ऐसा रास्ता है जिस पर काम खुद-ब-खुद दौड़ता है।

मशीन को अपना गुलाम बनाओ: लोग कहते हैं कि एआई (AI) और ऑटोमेशन डरावने हैं। मैं कहता हूँ, यह तो उस ऑटो की तरह है जिसमें आपने एक बार तेल डाल दिया और वह आपको मंज़िल तक ले गया। अगर आप खुद ही हर बार चक्का घुमाएंगे, तो थक जाएंगे। अपनी बार-बार होने

वाली छोटी-छोटी मेहनत को तकनीक के हवाले कर दीजिये, ताकि आपका दिमाग 'Vision 2035' जैसी बड़ी चीज़ों पर काम कर सके।

PM COACH का विजय मंत्र

"अगर आपके व्यापार को चलने के लिए आपकी हर वक्त मौजूदगी ज़रूरी है, तो आप बिज़नेस नहीं कर रहे, आप अपनी खुद की नौकरी कर रहे हैं। खुद को 'रिप्लेसेबल' (Replaceable) बनाइये ताकि आपका साम्राज्य 'अनस्टॉपेबल' (Unstoppable) बन सके!"

अध्याय 3.6: S-Solution (समाधान): समस्या-केंद्रित दृष्टिकोण

(थीम: उत्पाद बेचने के बजाय 'समाधान' देने की कला और क्यों एक मज़बूत समाधान ही सबसे बड़ी मार्केटिंग है)

सवारी की 'पीड़ा' को समझना: जब स्टेशन पर भारी बारिश हो रही होती थी और लोग भीग रहे होते थे, तब मैं वहां सिर्फ एक ऑटो ड्राइवर नहीं होता था, मैं उनके लिए "सूखी मंज़िल" का रास्ता होता था। उस वक्त सवारी किराया नहीं पूछती थी, वह बस सुरक्षित पहुँचने का 'समाधान' चाहती थी। व्यापार में लोग आपका सामान नहीं खरीदते, वे उस 'दर्द' का इलाज खरीदते हैं जिससे वे गुज़र रहे हैं। अगर आप समस्या की जड़ पकड़ लेंगे, तो पूरी दुनिया आपकी ग्राहक बन जाएगी।

प्रोडक्ट का मोह छोड़िए: बहुत से लोग अपने आइडिया या प्रोडक्ट के प्यार में पागल हो जाते हैं। वे सोचते हैं कि मेरा प्रोडक्ट 'बेस्ट' है। लेकिन सच्चाई यह है कि अगर आपका 'बेस्ट' प्रोडक्ट किसी की समस्या हल नहीं कर रहा, तो वह कबाड़ है। बालेश्वर में मैंने सीखा कि अगर सवारी को जल्दी पहुँचना है और मैं उसे धीरे चलने वाला आरामदायक सोफा भी दे दूँ, तो उसे वह नहीं चाहिए। उसे चाहिए रफ़्तार। S-Solution का मतलब है—वह दीजिये जो उन्हें चाहिए, वह नहीं जो आप बेचना चाहते हैं।

सबसे बड़ी मार्केटिंग: एक 'राहत': जब आप किसी की ऐसी समस्या सुलझा देते हैं जिसे कोई और नहीं देख पा रहा, तो आपको विज्ञापनों पर पैसे

खर्च करने की ज़रूरत नहीं पड़ती। वह ग्राहक खुद चिल्ला-चिल्लाकर दूसरों को आपके बारे में बताएगा। SAHAYT में जब हम किसी को 'फाइनेंशियल फ्रीडम' का रास्ता दिखाते हैं, तो हम उसे सिर्फ एक कोर्स नहीं बेच रहे, हम उसे उसके 'आर्थिक डर' का समाधान दे रहे हैं।

VAIKAS का आखिरी ताला: बिना 'Solution' के बाकी के पाँच स्तंभ (Valiant, Authentic, Inimitable, Kinetic, Automated) बेकार हैं। आप बहुत साहसी हो सकते हैं, बहुत रफ़्तार में हो सकते हैं, लेकिन अगर आप गलत दिशा में भाग रहे हैं या कोई समस्या हल नहीं कर रहे, तो आप कहीं नहीं पहुँचेंगे। यह 'S' ही है जो इस पूरे ब्लूप्रिंट को 'मकसद' देता है।

PM COACH का विजय मंत्र

"बेचने के लिए मत चिल्लाइए, सुलझाने के लिए कान लगाइए। जब आप ग्राहक के 'दर्द' को अपना 'मिशन' बना लेते हैं, तो मुनाफा आपके पीछे हाथ जोड़कर खड़ा होता है। प्रोडक्ट बेचना 'व्यापार' है, लेकिन समाधान देना 'सेवा' और 'साम्राज्य' दोनों है!"

अध्याय 3.7: VAIKAS का तालमेल (Synergy): पाँचों स्तंभों का अंतर्संबंध

(थीम: कैसे 'साहस' और 'स्वचालन' मिलकर एक घातक कॉम्बिनेशन बनते हैं जो आपको 'मोटिवेशन ट्रैप' से बचाते हैं)

अकेला चना भाड़ नहीं फोड़ता: आपने अक्सर देखा होगा कि कुछ लोग बहुत साहसी (Valiant) होते हैं, पर उनके पास कोई सिस्टम नहीं होता—वे बस मेहनत करते रहते हैं और थक जाते हैं। कुछ के पास बहुत तकनीक (Automated) होती है, पर उनमें रिस्क लेने का दम नहीं होता। VAIKAS का असली जादू तब शुरू होता है जब ये पाँचों एक-दूसरे का हाथ पकड़ते हैं। जब आपके साहस को 'ऑटोमेशन' का सहारा मिलता है, तब आप एक 'सुपरह्यूमन' की तरह काम करने लगते हैं।s

मोटिवेशन ट्रैप का अंत: लोग अक्सर "मोटिवेशनल वीडियो" देखकर जोश में आ जाते हैं, लेकिन दो दिन बाद ठंडे पड़ जाते हैं। क्यों? क्योंकि उनके

पास 'ढांचा' (Structure) नहीं होता। VAIKAS आपको मोटिवेशन पर निर्भर नहीं रहने देता। जब आपका सिस्टम 'काइनेटिक' और 'ऑटोमेटेड' हो जाता है, तो काम इसलिए नहीं होता कि आपका 'मूड' अच्छा है, बल्कि इसलिए होता है क्योंकि सिस्टम को 'डिजाइन' ही ऐसे किया गया है।

एक पहिये से दूसरे पहिये की शक्ति: जब आप एक मज़बूत Solution (समाधान) देते हैं, तो आपकी Authenticity (प्रामाणिकता) अपने आप बढ़ जाती है। जब आपकी प्रामाणिकता बढ़ती है, तो आपको बड़ा रिस्क लेने का Valiant (साहस) मिलता है। यह एक ऐसा चक्र है जो एक बार घूमने लगे तो फिर इसे रोकना नामुमकिन है। बालेश्वर में मेरा ऑटो इसीलिए हिट था क्योंकि मेरा 'व्यवहार' और 'गाड़ी की कंडीशन' दोनों एक ही दिशा में काम करते थे।

अभेद्य किला: कोई आपकी एक चीज़ कॉपी कर सकता है, लेकिन इन पाँचों का 'मिश्रण' कोई कॉपी नहीं कर सकता। यही वह 'अपरिहार्य' (Inevitable) सुरक्षा चक्र है जो SAHAYT को दुनिया का सबसे अलग संगठन बनाएगा। हम सिर्फ काम नहीं कर रहे, हम एक ऐसा 'इकोसिस्टम' बना रहे हैं जहाँ हर स्तंभ दूसरे को मज़बूत कर रहा है।

PM COACH का विजय मंत्र

"सफलता किसी एक हुनर का कमाल नहीं है, बल्कि सही हुनर के 'सही तालमेल' का नतीजा है। जब आपके साहस को सिस्टम की ताकत मिल जाती है, तो आप सिर्फ एक उद्यमी नहीं, एक 'अजेय शक्ति' बन जाते हैं। पुर्जों को मत जोड़िये, एक 'शक्तिशाली इंजन' बनाइये!"

अध्याय 3.8: बाधाओं का न्यूनीकरण (Friction Reduction): रफ़्तार रोकने वाले 'ब्रेकर' को हटाना

(थीम: काइनेटिक ऊर्जा को रोकने वाले 'घर्षण' जैसे टालमटोल या डर को पहचानना और उन्हें सिस्टम से बाहर फेंकना)

मानसिक घर्षण की पहचान: मशीन में घर्षण होता है तो आवाज़ आती है, लेकिन दिमाग में घर्षण होता है तो 'बहाने' आते हैं। जब आप कहते हैं कि "अभी मार्केट ठीक नहीं है" या "मेरे पास बजट नहीं है," तो समझ जाइये

कि आपके दिमाग का ब्रेक तार जाम है। एक 'Path Maker' सबसे पहले अपनी इन मानसिक बाधाओं को लुब्रिकेट (तेल डालना) करता है। अगर आपका दिमाग ही आपको रोक रहा है, तो दुनिया का सबसे बेहतरीन सिस्टम भी आपको नहीं जिता पाएगा।

निर्णय लेने की रफ़्तार (Decision Speed): बालेश्वर के ट्रैफिक में अगर मैं मोड़ पर 'सोचने' बैठ जाता, तो पीछे से कोई टक्कर मार देता। वहां निर्णय 'सेकंड्स' में लेने पड़ते थे। बिज़नेस में सबसे बड़ा घर्षण है—देरी से निर्णय लेना। जितनी देर आप किसी फाइल को दबाकर बैठते हैं, उतनी ही आपकी 'काइनेटिक ऊर्जा' कम होती जाती है। सिस्टम को ऐसा बनाइये कि फैसले 'फ्लो' में हों, 'रुकावट' में नहीं।

सिस्टम से कचरा साफ़ करना: कभी-कभी ऑटो के कार्बोरेटर में कचरा आ जाता था, जिससे गाड़ी झटके लेने लगती थी। आपके बिज़नेस प्रोसेस में भी कुछ ऐसे फालतू के स्टेप्स (Steps) होते हैं जिनकी कोई ज़रूरत नहीं होती। वो सिर्फ़ वक्त बर्बाद करते हैं। मैंने सीखा कि जिस काम की ज़रूरत नहीं है, उसे 'बेहतर' करने की कोशिश मत करो, उसे सीधे 'खत्म' कर दो। जितना हल्का सिस्टम होगा, उतनी ही तेज़ आपकी रफ़्तार होगी।

लुब्रिकेंट (Lubricant) क्या है? - स्पष्टता: घर्षण को कम करने के लिए तेल की ज़रूरत होती है। व्यापार में वह तेल है—'स्पष्टता' (Clarity)। जब आपको पता होता है कि अगले 90 दिनों में क्या करना है, तो सारा डर और आलस खत्म हो जाता है। VAIKAS में हम इसी स्पष्टता पर काम करते हैं ताकि आप बिना किसी रुकावट के अपने 'Vision 2035' की ओर बढ़ सकें।

PM COACH का विजय मंत्र

"एक्सीलरेटर दबाने से ज़्यादा ज़रूरी है यह देखना कि कहीं आपका पैर 'ब्रेक' पर तो नहीं है। अपनी बाधाओं को पहचानिए और उन्हें सिस्टम से बाहर निकालिए। जिस दिन घर्षण खत्म हो जाएगा, उस दिन आपकी सफलता की रफ़्तार दुनिया को हैरान कर देगी!"

अध्याय 3.9: स्केलिंग की मास्टरक्लास: समाधान से साम्राज्य तक

(थीम: एक छोटे से 'पॉइंट सॉल्यूशन' को कैसे SAHAYT जैसे एक बड़े स्केलेबल बिज़नेस मॉडल में बदला जाए)

एक से अनेक का सफर: जब मेरा एक ऑटो सही चलने लगा, तो मैंने सोचा—क्या मैं खुद को 'बाँट' सकता हूँ? जवाब मिला—नहीं, मैं तो एक ही हूँ। लेकिन मैं अपने 'काम करने के तरीके' को तो बाँट सकता हूँ! यही स्केलिंग की शुरुआत है। अगर आपने एक ग्राहक की समस्या सुलझा ली है, तो अब आपको बस वह मशीन (System) चाहिए जो उसी तरह 10 Million लोगों की समस्या सुलझा सके। SAHAYT कोई एक आदमी नहीं है, यह एक 'प्रोसेस' है जिसे जितना चाहो उतना बड़ा किया जा सकता है।

डुप्लीकेशन का विज्ञान: स्केलिंग का मतलब सिर्फ बड़ा होना नहीं है, बल्कि 'सही' तरीके से बड़ा होना है। बालेश्वर में अगर मैं दूसरा ऑटो खरीदूँ और उसका ड्राइवर ईमानदार न हो, तो मेरा नाम खराब होगा। इसलिए, साम्राज्य खड़ा करने के लिए आपको अपने 'Inimitable' (अद्वितीय) गुणों को 'Automated' (स्वचालित) सिस्टम में डालना पड़ता है। ताकि दूसरा ड्राइवर भी वैसे ही काम करे जैसे आप करते थे। जब सिस्टम मज़बूत होता है, तो क्वालिटी कम नहीं होती, बल्कि बढ़ती है।

10 मिलियन का गणित: लोग 10 मिलियन (1 करोड़) की संख्या सुनकर डर जाते हैं। लेकिन अगर आप इसे VAIKAS की नज़र से देखें, तो यह सिर्फ एक 'गुना-भाग' का खेल है। अगर आपका एक 'समाधान' 10 लोगों की ज़िंदगी बदल रहा है, तो आपको बस उसे 10 लाख बार दोहराना है। साम्राज्य रातों-रात नहीं खड़ा होता; यह एक छोटे बीज से शुरू होता है जिसे बार-बार पानी (Kinetic Energy) दिया जाता है।

मज़बूत नींव, ऊँची इमारत: बालेश्वर की बाढ़ में वही घर टिकते थे जिनकी नींव गहरी थी। अगर आपका बिज़नेस मॉडल 'Authentic' (प्रामाणिक) नहीं है, तो थोड़े से विस्तार के बाद वह ताश के पत्तों की तरह ढह जाएगा। स्केलिंग करने से पहले यह सुनिश्चित कीजिये कि आपका ढांचा (Chassis) इतना लोड सहने के लिए तैयार है। SAHAYT का विजन 2035

इसीलिए टिकाऊ है क्योंकि इसकी जड़ें आपके संघर्ष के 'लोहे' से बनी हैं।

PM COACH का विजय मंत्र

"खुद को इतना छोटा बनाइये कि सिस्टम बड़ा दिखने लगे। जिस दिन आपका काम आपके बिना होने लगेगा, समझ जाइये कि आपने एक साम्राज्य की नींव रख दी है। एक 'Path Maker' रास्ता सिर्फ़ अपने लिए नहीं बनाता, वह ऐसा रास्ता बनाता है जिस पर करोड़ों लोग चल सकें!"

अध्याय 3.10: फ्यूचर-प्रूफिंग (Future-Proofing): बदलते दौर में भी 'अजेय' रहने का हुनर

(थीम: तकनीक और बाज़ार बदलेंगे, पर आपका विज़न नहीं। VAIKAS ब्लूप्रिंट को समय की कसौटी पर अमर बनाने की कला।)

इंजन की खनक और आने वाला तूफान: बालेश्वर की सड़कों पर जब मैं ऑटो का हैंडल थामता था, तो मेरी कान हमेशा इंजन की आवाज़ पर होती थी। एक छोटी सी 'टिक-टिक' मुझे बता देती थी कि अगले 50 किलोमीटर बाद इंजन धोखा देने वाला है। इसे कहते हैं आने वाले संकट को पहले भांप लेना। व्यापार में भी, जो कल की आहट को आज नहीं सुन सकता, वो कल के मलबे में दबा मिलेगा। फ्यूचर-प्रूफिंग का मतलब है—मुसीबत आने पर कुआँ नहीं खोदना, बल्कि अपनी रफ़्तार को वक्त से पहले बदल लेना। अगर बाज़ार का रुख बदल रहा है और आप पुराने गियर में बैठे हो, तो एक्सीडेंट तय है।

लोहे की साख और भरोसे का कवच: लोग मुझसे पूछते हैं, "कोच, अगर तकनीक बदल गई तो आपका सिस्टम फेल हो जाएगा?" मैं कहता हूँ— मेरा सिस्टम तकनीक की बैसाखियों पर नहीं, 'प्रामाणिकता' (Authenticity) के लोहे पर खड़ा है। बालेश्वर में अगर मेरा ऑटो कभी पंचर भी हो जाता, तो सवारी भागती नहीं थी, इंतज़ार करती थी। क्यों? क्योंकि उन्हें पता था कि ये ड्राइवर मंजिल तक पहुँचाएगा। आपकी तकनीक और औजार सिर्फ बॉडी हैं, आपकी साख उसकी आत्मा। जो 'Path Maker' अपनी रूह साफ़ रखता है, बाज़ार की मंदी उसका बाल भी बांका नहीं कर सकती।

गियर बदलने का जिगर: बालेश्वर के उस हाईवे पर अगर सामने से कोई रुकावट आती थी, तो मैं ये नहीं रोता था कि "रास्ता खराब है।" मैं तुरंत गियर बदलता था और पगडंडी से निकल जाता था। बिज़नेस में भी 'लकीर का फ़कीर' मत बनो। अपने लक्ष्य (Vision) को लेकर पत्थर की तरह अडिग रहो, लेकिन रास्ते को लेकर पानी की तरह लचीले। आज अगर AI का दौर है, तो उसे अपना गुलाम बनाओ, उससे डरो मत। पुरानी सड़कों का मोह छोड़ना ही असली बहादुरी है।

इंसान मरते हैं, 'सिस्टम' अमर होते हैं: मेरा ये विज़न सिर्फ़ मेरे रहने तक के लिए नहीं है। मैंने VAIKAS को इसलिए डिजाइन किया है ताकि मेरे न रहने पर भी ये मशीन वैसे ही काम करे जैसे आज कर रही है। असली 'Path Maker' वो है जो ऐसा रास्ता बना जाए जिस पर उसके जाने के सौ साल बाद भी लोग बिना भटके चल सकें। अपनी विरासत को सिर्फ़ अपनी मौजूदगी तक सीमित मत रखो, उसे एक 'ऑटोमेटेड' विरासत बनाओ।

PM COACH का विजय मंत्र

"वक्त के पैरों की धूल मत बनो, बल्कि वक्त के माथे पर अपना नाम लिख दो। याद रखना, इतिहास सुरक्षित खेलने वालों का नहीं, बल्कि बदलते वक्त की आँखों में आँखें डालकर 'गियर' बदलने वाले वीरों का लिखा जाता है। मंज़िल पर नज़र और रफ़्तार में जिगर रखो, मंज़िल खुद तुम्हें ढूँढेगी!"

अध्याय 4

विजन का विन्यास और नॉर्थ स्टार मेट्रिक्स

(थीम: लक्ष्यों को डेटा में बदलना और दिशा को स्थिर करना)

अध्याय 4.1: धुंधले सपनों से 'पिक्सेल-परफेक्ट' विजन तक

(थीम: क्यों "मुझे अमीर बनना है" जैसा विजन फेल होता है और "मुझे 10 मिलियन लोगों तक पहुँचना है" जैसा विजन जीतता है)

अस्पष्टता का कोहरा: जब मैं बालेश्वर में ऑटो चलाता था, तो शुरू में मेरा लक्ष्य सिर्फ "अच्छी कमाई" करना था। लेकिन "अच्छी कमाई" कितनी होती है? ₹500 या ₹5000? जब तक लक्ष्य धुंधला था, मेरी मेहनत भी बिखरी हुई थी। व्यापार में भी "बड़ा बनना है" या "सफल होना है" जैसे शब्द सिर्फ कोहरा पैदा करते हैं। जब रास्ता साफ नहीं दिखता, तो एक्सीडेंट पक्का है।

दिमाग को कमांड देना: हमारा दिमाग एक कंप्यूटर की तरह है। अगर आप इसे 'सर्च' बॉक्स में कुछ भी साफ नहीं देंगे, तो यह 'Error' दिखाएगा। "अमीर बनना" एक भावना है, लेकिन "10 मिलियन लोगों की मदद करना" एक 'कमांड' है। पिक्सेल-परफेक्ट विजन आपके अवचेतन मन (Subconscious Mind) को उन रास्तों और लोगों को ढूँढने पर मजबूर कर देता है जो उस लक्ष्य तक पहुँचने में सहायक हों।

मापने योग्य सफलता: जो चीज़ नापी नहीं जा सकती, उसे सुधारा भी नहीं जा सकता। "अमीर" होने का कोई थर्मामीटर नहीं है, लेकिन "10 मिलियन" का एक सटीक मीटर है। हर दिन, हर महीने हम देख सकते हैं कि हम उस लक्ष्य के कितने करीब पहुँचे। यह स्पष्टता हमें घबराहट से बचाती है और 'VAIKAS' के इंजन को सही दिशा में चलाने का हौसला देती है।

विजन की ताकत: एक स्पष्ट विजन ही वह वजह है कि मैं आज एक कोच के रूप में आपके सामने हूँ। अगर मेरा विजन धुंधला होता, तो मैं किसी मोड़ पर हार मान लेता। लेकिन जब लक्ष्य '10 मिलियन' का हो, तो रास्ते के छोटे-मोटे गड्ढे मायने नहीं रखते। पिक्सेल-परफेक्ट विजन ही एक साधारण इंसान को 'Path Maker' बनाता है।

PM COACH का विजय मंत्र

"धुंधले लक्ष्य कभी भी स्पष्ट परिणाम नहीं देते। अपनी सफलता को शब्दों में नहीं, बल्कि 'नंबर्स' में ढालिये। जिस दिन आपका विजन पिक्सेल-परफेक्ट हो जाएगा, उस दिन कायनात भी आपको वहां पहुँचाने का 'मैप'

तैयार कर देगी। याद रखिये, क्लैरिटी ही असली करेंसी है!"

अध्याय 4.2: नॉर्थ स्टार मेट्रिक्स (North Star Metrics): उस एक इकलौते नंबर की पहचान

(थीम: उस एक इकलौते नंबर की पहचान करना जो आपके पूरे व्यवसाय की असली सेहत और दिशा बताता है)

हज़ार डेटा पॉइंट बनाम एक दिशा: आज के डिजिटल युग में आपके पास हज़ारों नंबर होते हैं—कितने 'लाइक' मिले, कितने लोगों ने वीडियो देखा, कितने कॉल आए। लेकिन ये सब 'वैनिटी मेट्रिक्स' (दिखावे के नंबर) हैं। बालेश्वर में मेरा नॉर्थ स्टार यह नहीं था कि मैंने कितने किलोमीटर ऑटो चलाया, बल्कि यह था कि "कितनी सवारियों को मंज़िल तक पहुँचाया"। अगर किलोमीटर ज़्यादा हैं और सवारी कम, तो मैं घाटे में था। आपके बिज़नेस का वह एक नंबर क्या है जो तय करता है कि आप जीत रहे हैं?

भटकाव से मुक्ति: जब आपके पास एक नॉर्थ स्टार मेट्रिक्स होता है, तो आप "चमकती चीज़ों" (Shiny Objects) के पीछे भागना बंद कर देते हैं। अगर कोई नया आईडिया मेरे '10 मिलियन' के लक्ष्य में मदद नहीं कर रहा, तो मैं उसे कूड़ेदान में डाल देता हूँ। बालेश्वर की सड़कों पर अगर कोई सवारी मुझे ऐसे रास्ते पर ले जाना चाहती जहाँ से वापसी में खाली आना पड़े, तो मैं मना कर देता था। मेरा नॉर्थ स्टार 'मुनाफा' और 'मंज़िल' का मेल था।

पूरी टीम का एक ही लक्ष्य: जब आपका नॉर्थ स्टार साफ होता है, तो आपकी पूरी टीम (या आपका सिस्टम) एक ही दिशा में खींचता है। सबको पता होता है कि हमें किस नंबर को बढ़ाना है। यह भ्रम को खत्म करता है और 'काइनेटिक' ऊर्जा को एक जगह फोकस करता है। अगर आप हर नंबर को सुधारने की कोशिश करेंगे, तो आप कहीं के नहीं रहेंगे। एक को पकड़िये, बाकी सब अपने आप पीछे आएंगे।

सेहत का असली पैमाना: जैसे डॉक्टर नब्ज़ देखकर बीमारी पकड़ लेता है, वैसे ही आपका नॉर्थ स्टार आपके बिज़नेस की नब्ज़ है। अगर वह नंबर गिर रहा है, तो समझ जाइये कि आपके 'VAIKAS' में कहीं 'बग' आ गया है। इसे ट्रैक करना ही एक 'Path Maker' की सबसे बड़ी ज़िम्मेदारी है।

PM COACH का विजय मंत्र

"भीड़ के पीछे मत भागिए, अपने 'ध्रुव तारे' को पहचानिए। हज़ारों नंबरों की भूलभुलैया में खुद को खोने मत दीजिये। जिस दिन आप उस एक इकलौते नंबर को पकड़ लेंगे जो आपकी सफलता की गवाही देता है, उस दिन आपकी प्रगति को कोई नहीं रोक पाएगा। याद रखिये, दिशा सही हो तो मंज़िल खुद करीब आती है!"

अध्याय 4.3: OKR (Objectives and Key Results) का विन्यास

(थीम: विजन को मापने योग्य लक्ष्यों में कैसे तोड़ें ताकि हर दिन की प्रगति को ट्रैक किया जा सके)

पहाड़ बनाम पत्थर: जब मैंने पहली बार सोचा कि मुझे '10 मिलियन' लोगों तक पहुँचना है, तो ऐसा लगा जैसे हिमालय चढ़ना हो। पैर काँपने लगे। लेकिन फिर बालेश्वर की याद आई—अगर मुझे 100 किलोमीटर दूर जाना है, तो मैं 100 किलोमीटर के बारे में नहीं सोचता। मैं पहले 10 किलोमीटर के 'लैंडमार्क' (Landmark) पर नज़र रखता हूँ। Objective (लक्ष्य) है—पहाड़ की चोटी; और Key Results हैं—वे पत्थर जिन्हें पार करके आप ऊपर पहुँचते हैं। अगर पत्थर नहीं गिनोगे, तो रास्ते में ही दम तोड़ दोगे।

चाहत और हकीकत का अंतर: "मुझे बहुत बड़ा कोच बनना है" — यह एक 'चाहत' है, लक्ष्य नहीं। "अगले 90 दिनों में मुझे 1000 नए लोगों को VAIKAS से जोड़ना है" — यह एक Objective है। इसके साथ जब आप जोड़ते हैं कि "इसके लिए मुझे 50 वर्कशॉप करनी हैं" — तो यह आपका Key Result है। बिना नंबर के हर लक्ष्य सिर्फ एक कविता है, और हमें कवि नहीं, 'Path Maker' बनना है।

सिर्फ मेहनत नहीं, 'सटीक' मेहनत: लोग कहते हैं "मैं 18 घंटे काम कर रहा हूँ।" मैं कहता हूँ, "दिखाओ तुम्हारे OKR में क्या प्रोग्रेस है?" अगर आप 18 घंटे ऑटो खड़ा करके हॉर्न बजा रहे हैं, तो सवारी नहीं मिलेगी। सही जगह (Objective) पर खड़ा होना और सही आवाज़ (Key Result) लगाना ही आपको मंज़िल तक ले जाएगा। VAIKAS का मतलब ही यही है

कि आपकी मेहनत 'प्रेसिजन' (Precision) के साथ हो।

ट्रैकिंग का नशा: जब आप अपने छोटे-छोटे की-रिजल्ट्स को 'टिक' (Tick) करते हैं, तो दिमाग में एक डोपामाइन का इंजेक्शन लगता है। वह खुशी वैसी ही है जैसे बालेश्वर में दिन के अंत में नोट गिनते समय होती थी। जब आप अपनी प्रगति को नंबरों में बढ़ते देखते हैं, तो आपको किसी बाहरी मोटिवेशन की ज़रूरत नहीं पड़ती। आपका 'डेटा' ही आपका सबसे बड़ा मोटिवेटर बन जाता है।

PM COACH का विजय मंत्र

"सफलता कोई लॉटरी नहीं है जिसे आप जीत जाएंगे, यह एक 'गणित' है जिसे आपको हल करना होगा। अपने विजन को इतने छोटे टुकड़ों में तोड़ दीजिये कि उसे 'पूरा न करना' नामुमकिन हो जाए। बड़े सपने देखिये, लेकिन उन तक पहुँचने के लिए छोटे-छोटे पत्थरों का हिसाब रखिये। याद रखिये, बूंद-बूंद से ही समंदर भरता है और छोटे-छोटे OKR से ही साम्राज्य खड़ा होता है!"

अध्याय 4.4: एंटी-गोल्स (Anti-Goals): 'नो-एंट्री' का बोर्ड लगाना

(थीम: यह तय करना कि आपको क्या नहीं करना है; अपनी ऊर्जा को गलत दिशा में बहने से रोकने का सबसे शक्तिशाली तरीका)

हर सवारी के पीछे नहीं भागना: बालेश्वर में एक नियम था—हर हाथ देने वाली सवारी मेरी नहीं है। अगर कोई ऐसी जगह जाना चाहता जहाँ से लौटते समय खाली आना पड़े, तो मैं "ना" कह देता था। वह 'ना' मुझे अगली बड़ी और फायदेमंद सवारी के लिए तैयार रखती थी। व्यापार में हर प्रोजेक्ट, हर क्लाइंट और हर आईडिया आपके लिए नहीं है। अगर आप सबको खुश करने निकलेंगे, तो आप खुद को और अपने विजन को खो देंगे।

सफलता की बाउंड्री वॉल: 'एंटी-गोल' का मतलब है अपनी सीमाओं को तय करना। जैसे: "मैं रविवार को काम नहीं करूँगा" या "मैं उधार पर सामान नहीं बेचूँगा" या "मैं अपनी क्वालिटी से समझौता नहीं करूँगा।" ये

वे दीवारें हैं जो आपके 'VAIKAS' को बाहरी शोर से बचाती हैं। जब आप 'ना' कहना सीख जाते हैं, तो आपकी 'हाँ' की कीमत बढ़ जाती है।

डिस्ट्रैक्शन (भटकाव) का खात्मा: आज के दौर में आईडिया की कमी नहीं है, बल्कि 'फोकस' की कमी है। एक 'Path Maker' के तौर पर आपका एंटी-गोल होना चाहिए—"मैं उन कामों में वक्त बर्बाद नहीं करूँगा जो मुझे मेरे 10 मिलियन के लक्ष्य से दूर ले जाते हैं।" अगर कोई सोशल मीडिया ट्रेंड आपके विजन से मेल नहीं खाता, तो उसे छोड़ दीजिये। भीड़ के साथ बहना आसान है, लेकिन अपनी दिशा में अकेले खड़ा होना वीरता है।

थकान से बचाव (Burnout Prevention): अक्सर हम बहुत कुछ करने की कोशिश में थक कर चूर हो जाते हैं। मेरा एक एंटी-गोल था—"मैं बिना सिस्टम के कोई नया काम शुरू नहीं करूँगा।" इससे फायदा यह हुआ कि काम बढ़ता गया लेकिन मेरी मानसिक शांति कम नहीं हुई। अपनी ऊर्जा को 'रिजर्व' रखना सीखिए, क्योंकि 2035 तक का सफर लंबा है और इंजन को ठंडा रखना भी आपकी ज़िम्मेदारी है।

PM COACH का विजय मंत्र

"आपकी सफलता इस बात पर निर्भर नहीं करती कि आपने कितनी चीज़ें चुनी हैं, बल्कि इस बात पर निर्भर करती है कि आपने कितनी गलत चीज़ों को 'ठोकर' मारी है। 'ना' कहना सीखिये, क्योंकि एक शक्तिशाली 'ना' ही आपके बड़े विजन को सुरक्षित रखता है। याद रखिये, खाली हाथ लौटने के डर से गलत दिशा में जाना ही सबसे बड़ी हार है!"

अध्याय 4.5: रेवेन्यू आर्किटेक्चर (Revenue Architecture): मेरे विज़न का ईंधन

(थीम: केवल लाभ नहीं, बल्कि एक ऐसा मज़बूत आर्थिक ढांचा जो 10 मिलियन लोगों तक पहुँचने की रफ़्तार को कम न होने दे)

बिना तेल के मेरा ऑटो भी नहीं चलता था: बालेश्वर की सड़कों पर मैंने एक कड़वा सच सीखा था—मेरा ऑटो कितना भी चमचमाता क्यों न हो, अगर टंकी में पेट्रोल नहीं है, तो वह सड़क पर खड़ा सिर्फ एक लोहे का डिब्बा

है। मेरा '10 मिलियन' का लक्ष्य बहुत बड़ा है, और उस तक पहुँचने के लिए मुझे 'पैसे' रूपी ईंधन की ज़रूरत है। रेवेन्यू मेरे लिए सिर्फ़ मुनाफा नहीं, बल्कि मेरे मिशन की 'सांसें' हैं। एक 'Path Maker' के तौर पर मेरा पहला काम है—एक ऐसा कैश-फ्लो बनाना जो मेरे विज़न को कभी रुकने न दे।

सवारी का भरोसा और मेरा सस्टेनेबल मॉडल: मैंने कभी भी सवारी से सिर्फ़ एक बार ज़्यादा पैसे कमाने की नहीं सोची, क्योंकि मुझे पता था कि दोबारा वही सवारी मेरे पास आनी चाहिए। SAHAYT का मेरा मॉडल भी ऐसा ही है—यह 'वन-टाइम हिट' नहीं, बल्कि एक ऐसा चक्का (Flywheel) है जो लगातार घूमता रहे। जब मेरा रेवेन्यू मॉडल टिकाऊ होता है, तभी मेरा विज़न सुरक्षित रहता है। पैसा वो ताकत है जो मेरे इरादों को ज़मीन पर टिकाए रखती है।

वैल्यू (Value) की असली कीमत: लोग मुझे पैसे इसलिए नहीं देते क्योंकि मुझे ज़रूरत है, बल्कि इसलिए देते हैं क्योंकि मैं उनके 'दर्द' का समाधान (Solution) देता हूँ। बालेश्वर में जब मैं सवारी को सही वक्त पर और सुरक्षित पहुँचाता था, तो वे ख़ुशी-ख़ुशी पैसे देते थे। मेरा रेवेन्यू आर्किटेक्चर इस बात पर खड़ा है कि मैं बाज़ार में कितनी 'वैल्यू' डिलीवर कर रहा हूँ। जितनी बड़ी समस्या मैं सुलझाऊँगा, उतना बड़ा साम्राज्य मैं खड़ा करूँगा।

पैसे का निवेश, मेरा मास्टरस्ट्रोक: मैं पैसा उड़ाता नहीं, उसे अपने विज़न में 'इंस्टॉल' करता हूँ। जो रेवेन्यू आता है, उसका बड़ा हिस्सा मैं नई तकनीक, अपनी टीम और स्केलिंग (Scaling) पर लगाता हूँ। अगर मैं मुनाफे को सिर्फ़ ऐशो-आराम में खर्च कर दूँ, तो मैं फिर से उसी पुराने संघर्ष में पहुँच जाऊँगा। मैं पैसे को अपना गुलाम बनाकर रखता हूँ ताकि वह मेरे 'Path Maker' बनने के सफर को आसान बना सके।

PM COACH का विजय मंत्र

"व्यापार में 'मुनाफा' कमाना सिर्फ़ बैंक बैलेंस बढ़ाना नहीं है, बल्कि अपने 'मिशन' की उम्र बढ़ाना है। अगर आपकी जेब खाली है, तो आपके महान विचार भी दम तोड़ देंगे। इसलिए, पहले एक ऐसा सिस्टम बनाइये जो पैसे पैदा करे, ताकि आप आज़ादी से दुनिया बदल सकें। याद रखिये, भूखे पेट और खाली टंकी के साथ कोई भी लंबी रेस नहीं जीती जा सकती!"

अध्याय 4.6: 'विजन बोर्ड' बनाम 'कमांड सेंटर': असली कंट्रोल

(थीम: प्रेरणादायक तस्वीरों के बजाय लाइव डैशबोर्ड का निर्माण जो आपकी वास्तविक स्थिति का दर्पण हो)

मेरा लाइव डैशबोर्ड: एक 'Path Maker' के तौर पर मेरा कमांड सेंटर मेरा वो डेटा है जो हर पल बदलता है। कितने नए लोग SAHAYT से जुड़े? AYUFERY की कितनी यूनिट्स लोगों तक पहुँचीं? आज कितने ट्रेनर्स ने अपना ऑटोमेशन सेटअप पूरा किया? अगर ये नंबर मेरी आँखों के सामने नहीं हैं, तो मैं अँधेरे में तीर चला रहा हूँ। फोटो देखने से प्रेरणा मिलती है, लेकिन नंबर देखने से 'एक्शन' पैदा होता है।

सच्चाई का सामना: विजन बोर्ड हमेशा 'सुंदर' होता है, लेकिन कमांड सेंटर कभी-कभी 'कड़वा' होता है। जब नंबर कम होते हैं, तो वह मुझे चिढ़ाता है, मुझे चुनौती देता है। बालेश्वर में अगर मीटर कम पैसे दिखाता था, तो मैं घर नहीं जाता था; मैं एक और चक्कर लगाता था। आपका डैशबोर्ड आपकी ईमानदारी का आईना है। अगर आप अपने नंबरों से भाग रहे हैं, तो आप अपने विजन से भाग रहे हैं।

फैसलों की रफ़्तार: जब आपके पास एक 'कमांड सेंटर' (जैसे एक एक्सेल शीट या कोई ऐप) होता है, तो आप 'अंदाज़े' पर फैसले नहीं लेते। आप 'तथ्यों' पर फैसले लेते हैं। मुझे पता होता है कि किस ब्रांड पर ज़्यादा ध्यान देना है और कहाँ सिस्टम को सुधारना है। एक लीडर वही है जिसके पास अपनी पूरी सल्तनत का नक्शा और उसकी हर हलचल की जानकारी अपनी मेज पर हो।

इमोशन नहीं, इन्फोर्मेशन: व्यापार भावनाओं से नहीं, सूचनाओं (Information) से चलता है। विजन बोर्ड आपको भावुक कर सकता है, लेकिन कमांड सेंटर आपको 'मज़बूत' बनाता है। जब आप अपने 10 मिलियन के लक्ष्य को छोटे-छोटे लाइव ग्राफ्स में बदलते देखते हैं, तो वह जो नशा देता है, वह किसी भी मोटिवेशनल स्पीच से बड़ा होता है।

PM COACH का विजय मंत्र

"सपनों को दीवार पर टाँगना बंद कीजिये और उन्हें 'डेटा' में बदलना शुरू कीजिये। जो लीडर अपने व्यापार के नंबरों से डरता है, वह कभी साम्राज्य खड़ा नहीं कर सकता। अपनी मंज़िल की फोटो मत देखिये, अपनी रफ़्तार का 'मीटर' देखिये। याद रखिये, विजन आपको रास्ता दिखाता है, लेकिन कमांड सेंटर आपको उस रास्ते पर चलाता है!

अध्याय 4.7: रणनीतिक योजना का न्यूरोसाइंस: मौकों को पकड़ने वाला रडार

(थीम: कैसे स्पष्ट लक्ष्य हमारे मस्तिष्क को 'रेटिकुलर एक्टिवेटिंग सिस्टम' (RAS) के ज़रिए अवसरों को पहचानने के लिए तैयार करते हैं)

मस्तिष्क का द्वारपाल (The Gatekeeper): हमारे दिमाग में हर सेकंड लाखों सूचनाएँ आती हैं, लेकिन हमारा दिमाग सबको अंदर नहीं आने देता। इसे 'RAS' कहते हैं। यह एक फिल्टर की तरह है। बालेश्वर में अगर मेरा ध्यान 'सवारी' पर होता था, तो मुझे दूर खड़ा हुआ बंदा भी हाथ हिलाते दिख जाता था। लेकिन अगर मेरा ध्यान 'गानों' पर होता, तो बगल से सवारी निकल जाती और मुझे पता भी नहीं चलता। व्यापार में भी, अगर आपका लक्ष्य साफ़ नहीं है, तो आप अपने सामने खड़े मौके को भी नहीं देख पाएंगे।

जो ढूँढोगे वही मिलेगा: अगर आप आज तय कर लें कि आपको सड़क पर सिर्फ 'लाल रंग' की कार देखनी है, तो आपको अचानक हर तरफ लाल कारें दिखने लगेंगी। क्या वो पहले नहीं थीं? थीं, लेकिन आपके दिमाग ने उन्हें 'बेकार' समझकर फ़िल्टर कर दिया था। जब मैं कहता हूँ कि मुझे 10 मिलियन लोगों तक पहुँचना है, तो मेरा दिमाग उन लोगों, उन किताबों और उन तकनीकों को 'हाईलाइट' करने लगता है जो मुझे वहां पहुँचा सकें।

नकारात्मकता का फ़िल्टर: एक 'Path Maker' का RAS सिर्फ़ मौकों को ही नहीं चुनता, बल्कि कचरे को बाहर भी रखता है। जब मेरा लक्ष्य बड़ा होता है, तो फालतू की बातें, शिकायतें और लोग मुझे परेशान नहीं करते, क्योंकि मेरा दिमाग उन्हें 'महत्वहीन' मानकर प्रोसेस ही नहीं करता। बालेश्वर के ट्रैफिक के शोर में भी मुझे सवारी की सीटी सुनाई दे जाती थी—यही फोकस

का न्यूरोसाइंस है।

विज़न को 'प्राइम' करना: रोज़ सुबह अपने कमांड सेंटर को देखना और अपने लक्ष्यों को दोहराना असल में अपने RAS को 'ऑर्डर' देना है। आप अपने दिमाग को बता रहे हैं कि "आज मुझे इन शिकारों पर नज़र रखनी है।" जब आप स्पष्ट होते हैं, तो पूरी दुनिया एक 'संसाधन' (Resource) लगने लगती है, 'बाधा' नहीं।

PM COACH का विजय मंत्र

"दुनिया मौकों की कमी से नहीं, बल्कि 'नज़र' की कमी से हारी हुई है। अपने दिमाग को उस रडार की तरह सेट कीजिये जो भीड़ में भी आपकी मंज़िल का रास्ता ढूँढ निकाले। जब आपका विज़न साफ़ होता है, तो कुदरत भी आपके सामने वही दरवाज़े खोलती है जहाँ आपकी ज़रूरत है। याद रखिये, आप वही देखते हैं जिसे आप देखना चाहते हैं—इसलिए बड़ा देखिये और साफ़ देखिये!"

अध्याय 4.8: विज़न स्केलिंग: 2035 का ब्लूप्रिंट

(थीम: क्या आपका विज़न इतना बड़ा है कि वह 2035 तक 10 मिलियन लोगों के जीवन को समाहित कर सके? स्केल की प्लानिंग)

छोटा सोचना एक 'अपराध' है: बालेश्वर में जब मैंने पहली बार अपना ऑटो चलाया, तो मेरा विज़न सिर्फ शाम की रोटी तक था। लेकिन जब मैंने SAHAYT की नींव रखी, तो मैंने समझ लिया कि अगर मैं छोटा सोचूँगा, तो मेरी मदद भी छोटी होगी। 10 मिलियन का आंकड़ा कोई अहंकार नहीं है, यह मेरी 'ज़िम्मेदारी' है। अगर आपके विज़न में करोड़ों लोगों की समस्याओं का हल नहीं है, तो वह विज़न नहीं, सिर्फ एक 'छोटा धंधा' है।

समय की लंबी छलांग (2035): लोग अक्सर अगले एक महीने या एक साल की सोचते हैं, लेकिन एक साम्राज्य निर्माता (Empire Builder) दशकों की सोचता है। 2035 तक की योजना बनाने का मतलब है कि मैं आज की छोटी परेशानियों से ऊपर उठ चुका हूँ। जब मंज़िल 10 साल दूर हो, तो रास्ते के छोटे-मोटे पत्थर मुझे नहीं डराते। यह लंबी दूरी की दौड़ है, और इसके

लिए फेफड़ों में 'हवा' (Vision) भी ज़्यादा चाहिए।

इन्फ्रास्ट्रक्चर की तैयारी: क्या आपका 'इंजन' 10 मिलियन लोगों का बोझ सहने के लिए तैयार है? स्केलिंग का मतलब सिर्फ संख्या बढ़ाना नहीं है, बल्कि अपनी क्षमता (Capacity) बढ़ाना है। VAIKAS का ऑटोमेशन और AYUFERY की क्वालिटी को आज ही इस तरह डिज़ाइन करना होगा कि जब कल करोड़ों लोग जुड़ें, तो सिस्टम क्रैश न हो। बालेश्वर में अगर मुझे 10 सवारियाँ बिठानी होतीं, तो मैं ऑटो नहीं, बस (Bus) लेकर आता। स्केल के हिसाब से अपना 'वाहन' चुनिए।

लोगों के जीवन में समाहित होना: विज़न स्केल तब होता है जब वह लोगों की ज़रूरत बन जाए। Vardanyaah सिर्फ राशन नहीं, बल्कि हर घर की रसोई का हिस्सा बने। Vardanta Dhara सिर्फ एक कैंपेन नहीं, बल्कि हर किसान का 'संस्कार' बने। जब आपका विज़न लोगों की आदतों में शामिल हो जाता है, तो आपको उसे धक्का नहीं मारना पड़ता, वह खुद-ब-खुद 'वायरल' होने लगता है।

PM COACH का विजय मंत्र

"अपने विज़न को इतना बड़ा बनाइये कि आपकी अपनी 'हस्ती' उसमें छोटी लगने लगे। जो लोग सिर्फ़ अपने लिए सोचते हैं, उन्हें दुनिया भुला देती है; लेकिन जो करोड़ों के लिए रास्ता बनाते हैं, इतिहास उन्हें 'Path Maker' कहता है। याद रखिये, अगर आपके सपने आपको डरा नहीं रहे, तो समझ जाइये कि आप अभी भी 'बालेश्वर' की तंग गलियों में ही घूम रहे हैं। बड़ा सोचिये, क्योंकि सोचने का कोई टैक्स नहीं लगता!"

अध्याय 4.9: फीडबैक लूप और कोर्स करेक्शन: रफ़्तार के साथ संतुलन

(थीम: जब डेटा आपके विजन से अलग दिशा दिखाए, तो बिना भावुक हुए अपने सिस्टम को कैसे री-एलाइन (Re-align) करें)

रास्ते का पत्थर और मेरा रिस्पॉन्स: बालेश्वर में अगर किसी रास्ते पर अचानक 'काम चालू है' का बोर्ड दिखता था, तो मैं गाड़ी रोककर रोता नहीं

था। मैं तुरंत दूसरा रास्ता (Shortcut या Bypass) ढूँढता था। इसे ही Course Correction कहते हैं। आपका विजन 'मंज़िल' है, 'रास्ता' नहीं। अगर आपका कोई कैंपेन या प्रोडक्ट (जैसे OXYFERT) उम्मीद के मुताबिक नतीजे नहीं दे रहा, तो उसे ईगो (Earning) का सवाल मत बनाइये। तुरंत बदलिए!

बिना इमोशन के डेटा देखना: एक 'Path Maker' कभी भी अपने काम से इतना प्यार नहीं करता कि वह उसकी कमियों को देखना बंद कर दे। अगर मेरा कमांड सेंटर (Dash Board) लाल निशान दिखा रहा है, तो इसका मतलब है कि इंजन में खराबी है। भावनाएं आपको 'अंधा' बना सकती हैं, लेकिन 'नंबर्स' कभी झूठ नहीं बोलते। डेटा को अपना सबसे सच्चा दोस्त बनाइये, वही आपको सही रास्ता दिखाएगा।

लूप (Loop) को बंद करना: फीडबैक लेना काफी नहीं है, उस पर एक्शन लेना ज़रूरी है। अगर आपको पता चला कि आपकी VAIKAS सर्विस में कोई 'बग' है, तो उसे तुरंत ठीक करना ही 'लूप क्लोज' करना है। जो लीडर फीडबैक लेकर सो जाते हैं, उनका साम्राज्य मिट्टी में मिल जाता है। जितनी जल्दी आप अपनी गलती सुधारेंगे, उतनी ही कम कीमत आपको चुकानी होगी।

बदलाव की ताकत: दुनिया तेज़ी से बदल रही है। 2035 तक तकनीक और लोगों की ज़रूरतें बदल जाएंगी। एक 'Path Maker' वही है जो हवा का रुख भांपकर अपने 'पाल' (Sails) मोड़ ले। ज़िद मंज़िल तक पहुँचने की होनी चाहिए, उसी पुराने रास्ते पर चलने की नहीं। लचीलापन (Flexibility) ही आपकी सबसे बड़ी ताकत है।

PM COACH का विजय मंत्र

"गलती करना गुनाह नहीं है, लेकिन गलती को पकड़े रहना और उसे सुधारने से इनकार करना 'आत्महत्या' है। फीडबैक को अपना 'जीपीएस' बनाइये; अगर वह कहे कि 'U-Turn' लेना है, तो ले लीजिये। मंज़िल नहीं बदलनी चाहिए, लेकिन रास्ते बदलने का साहस हमेशा रखिये। याद रखिये, जो पेड़ झुकना नहीं जानते, वे तूफ़ान में सबसे पहले टूटते हैं!"

अध्याय 4.10: विजन का 'बग-टेस्टिंग': चक्रवात में भी अडिग

(थीम: अपने लक्ष्यों को कठोर परिस्थितियों में टेस्ट करना ताकि वे केवल कागज़ पर ही नहीं, बल्कि कठिन समय में भी साथ दें)

मेरा 'साइक्लोन-प्रूफ' विजन: बालेश्वर में चक्रवात आने से पहले हम अपने ऑटो को ऊंचे स्थान पर ले जाते थे और तिरपाल को इतनी मजबूती से बांधते थे कि हवा का झोंका भी उसे हिला न सके। मेरा '10 मिलियन' का विजन भी वैसा ही होना चाहिए—सिर्फ अच्छे मौसम के लिए नहीं। मैंने अपने विजन को 'तनाव' (Stress Test) में डालकर देखा है। अगर कल बाजार गिर जाए या तकनीक बदल जाए, तो भी मेरा SAHAYT मॉडल सीना तानकर खड़ा रहेगा, क्योंकि इसकी बुनियाद ठोस अनुभवों पर टिकी है।

मेरा 'प्लान-B' हमेशा तैयार है: बालेश्वर की सड़कों पर मुझे पता होता था कि अगर मुख्य रास्ता ब्लॉक हुआ, तो किस पतली गली से निकलकर सवारी को मंजिल तक पहुंचाना है। विजन को 'बग-टेस्ट' करने का मतलब है—मेरे पास हर 'क्या होगा अगर?' (What if?) का जवाब होना चाहिए। अगर VAIKAS का सर्वर डाउन हो या AYUFERY की सप्लाई में बाधा आए, तो मेरा 'बैकअप गियर' तुरंत काम करना शुरू कर देता है। एक 'Path Maker' कभी भी बिना तैयारी के मैदान में नहीं उतरता।

मानसिक मजबूती का मेरा अपना इम्तिहान: सबसे बड़ा 'बग' इंसान के इरादों में आता है—डर। जब साइक्लोन की हवाएं चलती हैं, तो अच्छे-अच्छे लोग स्टीयरिंग छोड़ देते हैं। लेकिन मैंने सीखा है कि अगर मेरा विजन और मेरी नीयत साफ है, तो कुदरत भी मुझे रास्ता देती है। मैंने अपने लक्ष्यों को इतना कठोर बनाया है कि वे मेरी या मेरी टीम की क्षणिक भावनाओं (Emotions) से प्रभावित नहीं होते।

विनाश के बाद मेरा नवनिर्माण: साइक्लोन सब कुछ उजाड़ने की ताकत रखता है, लेकिन वह मेरे 'दोबारा खड़े होने' के जज्बे को नहीं छीन सकता। मेरा विजन ऐसा है जो सिर्फ टिकने के लिए नहीं, बल्कि हर चोट के बाद और भी बड़े तरीके से 'बाउंस बैक' करने के लिए बना है। 2035 तक के

सफर में कई चक्रवात आएंगे, लेकिन हर तूफान के बाद मेरा ब्रांड Vardanta और भी ज्यादा निखर कर सामने आएगा।

PM COACH का विजय मंत्र

"मेरा विजन वह नहीं जो सिर्फ धूप में चमकता है, मेरा विजन वह है जो 'चक्रवात' की काली रातों में भी रास्ता दिखाता है। मैंने अपने सिस्टम को इतना लचीला बनाया है कि मुसीबत उसे तोड़ने नहीं, बल्कि और 'फौलादी' करने आती है। याद रखिये, समंदर की लहरें सिर्फ कमजोर कश्तियों को डुबोती हैं, मेरे जैसा 'Path Maker' तो उन लहरों पर सवार होकर अपनी मंज़िल फतह करता है!"

अध्याय 5

संपत्तियों का निर्माण: कंटेंट से कैशफ्लो तक

(थीम: अपनी बौद्धिक संपदा (IP) को स्व-चालित आय स्रोतों में बदलना)

अध्याय 5.1: बौद्धिक संपदा (IP) का विन्यास: मेरा अनुभव, मेरी जादुई संपत्ति

(थीम: क्यों मेरा अनुभव सिर्फ़ कहानी नहीं, बल्कि एक 'डिजिटल एसेट' है जिसे बार-बार इस्तेमाल किया जा सकता है)

एक बार का निर्माण, बार-बार का लाभ: बालेश्वर में अगर मैं एक सवारी छोड़ता था, तो वह पैसा गया। लेकिन आज, अगर मैं एक बार VAIKAS का वर्किंग मॉडल या AYUFERY की फिलॉसफी रिकॉर्ड कर दूँ, तो वह मेरे बिना भी हज़ारों लोगों तक पहुँचती है। अपनी बुद्धिमत्ता को 'रिकॉर्डेड एसेट' में बदलना ही असली आज़ादी है। जो ज्ञान सिर्फ आपके दिमाग में है, वह लायबिलिटी है; जो सिस्टम में आ गया, वह एसेट है।

अनुभव का मुद्रीकरण (Monetization): दुनिया समाधान के लिए पैसे देती है, कहानियों के लिए नहीं। मैंने अपने बालेश्वर के 'कठोर परिश्रम' को 'सिस्टम' में ढाल दिया है। जब आप अपने अनुभव को एक स्ट्रक्चर (जैसे यह किताब या मेरा TTT मॉडल) दे देते हैं, तो वह एक प्रॉडक्ट बन जाता है। अब यह सिर्फ़ मेरा ज्ञान नहीं, बल्कि एक ऐसा औजार है जिसे कोई भी खरीद कर अपनी ज़िंदगी बदल सकता है।

मेरा डिजिटल साम्राज्य: ज़मीन-जायदाद खरीदने के लिए करोड़ों चाहिए, लेकिन 'बौद्धिक संपदा' खड़ी करने के लिए सिर्फ 'स्पष्ट विचार' और 'सही तकनीक' चाहिए। मेरी हर वर्कशॉप, मेरा हर लेख और मेरा हर वीडियो मेरे इस डिजिटल साम्राज्य की एक 'ईंट' है। ये संपत्तियां कभी पुरानी नहीं होतीं, बल्कि जैसे-जैसे SAHAYT का विजन बढ़ता है, इनकी कीमत भी बढ़ती जाती है।

ज्ञान की सुरक्षा: एक 'Path Maker' के तौर पर मेरा काम सिर्फ़ रास्ता दिखाना नहीं, बल्कि उस रास्ते को 'पेटेंट' करना है। जब मैं अपनी बुद्धिमत्ता को VAIKAS जैसे ब्रांड के साथ जोड़ता हूँ, तो मैं उसे सुरक्षित कर लेता हूँ। यह मेरा वो खजाना है जिसे कोई चुरा नहीं सकता, क्योंकि यह मेरे पसीने और अनुभव से बना है।

PM COACH का विजय मंत्र

"अपनी बुद्धिमत्ता को 'यादों' की अलमारी में बंद मत रखिये, उसे 'संपत्ति' के बाज़ार में उतारिये। जो ज्ञान सिर्फ आपके पास है, वह आपके साथ ही खत्म हो जाएगा; लेकिन जो ज्ञान 'सिस्टम' बन गया, वह युगों तक साम्राज्य खड़ा करेगा। याद रखिये, असली अमीर वह नहीं जिसके पास बहुत पैसा है, बल्कि वह है जिसके पास ऐसी संपत्तियां हैं जो उसके सोने के बाद भी काम करती हैं!"

अध्याय 5.2: कंटेंट का आर्किटेक्चर: रैंडम पोस्टिंग बनाम 'लाइब्रेरी'

(थीम: अपने ज्ञान को बिखरे हुए कचरे की तरह नहीं, बल्कि एक व्यवस्थित खजाने की तरह पेश करना)

बिखरी हुई सवारी और बस स्टैंड का अंतर: बालेश्वर में अगर मैं कहीं भी ऑटो खड़ा कर देता, तो शायद इक्का-दुक्का सवारी मिलती। लेकिन अगर मैं 'बस स्टैंड' पर एक कतार में खड़ा होता, तो सवारियाँ खुद चलकर आती थीं। सोशल मीडिया पर 'रैंडम पोस्टिंग' करना उस आवारा ऑटो की तरह है जो कहीं भी खड़ा है। लेकिन Content Architecture का मतलब है—अपना एक 'टर्मिनल' बनाना जहाँ आपका हर शब्द एक निश्चित जगह पर हो और लोग उसे खोजने आएँ।

मेरे ज्ञान का 'ब्लूप्रिंट': एक 'Path Maker' के तौर पर मेरा कंटेंट सिर्फ़ जानकारी नहीं है, यह एक सीढ़ी है। मैं रैंडम बातें नहीं करता; मैं VAIKAS की बुद्धिमत्ता, Vardanta की साख और SAHAYT के विज़न को एक ढांचे में पिरोता हूँ। जब पाठक मेरा एक लेख पढ़ता है, तो वह अगले के लिए तैयार होता है। मेरी लाइब्रेरी ऐसी होनी चाहिए कि कोई उसमें घुसे तो 'वित्तीय स्वतंत्रता' का पूरा रास्ता उसे साफ़ दिखे।

सदाबहार (Evergreen) लाइब्रेरी: बालेश्वर की बाढ़ में वही इमारतें बची रहीं जिनकी नींव और ढांचा पक्का था। मेरा कंटेंट ऐसा होना चाहिए जो आज भी काम आए और 2035 में भी। मैं 'ट्रेंड्स' के पीछे नहीं भागता, मैं 'सिद्धांतों' (Principles) का निर्माण करता हूँ। एक बार व्यवस्थित रूप से

पब्लिश किया गया मेरा ज्ञान सालों-साल मेरे साम्राज्य के लिए 'वैल्यू' जेनरेट करता रहेगा।

ऑटोमेशन का आधार: जब मेरा कंटेंट स्ट्रक्चर्ड (व्यवस्थित) होता है, तभी मैं उसे ऑटोमेट कर सकता हूँ। बिना आर्किटेक्चर के VAIKAS भी काम नहीं करेगा। जब मुझे पता है कि मेरा कौन सा ज्ञान किस समस्या के लिए है, तो मैं उसे मशीन के ज़रिए सही व्यक्ति तक सही समय पर पहुँचा सकता हूँ। यही एक 'Path Maker' की असली चालाकी है।

PM COACH का विजय मंत्र

"जो ज्ञान व्यवस्थित नहीं है, वह सिर्फ एक बोझ है; लेकिन जो ज्ञान 'आर्किटेक्टेड' है, वह एक 'हथियार' है। भीड़ का हिस्सा बनकर शोर मत मचाइये, बल्कि एक ऐसी 'लाइब्रेरी' खड़ी कीजिये जहाँ लोग अपनी समस्याओं का हल ढूँढने के लिए मजबूर हो जाएं। याद रखिये, एक 'Path Maker' सिर्फ शब्द नहीं लिखता, वह सफलता का 'नक्शा' तैयार करता है!"

अध्याय 5.3: डेटा-समृद्ध एसेट्स: ईमेल लिस्ट और कम्युनिटी

(थीम: क्यों आपके सब्सक्राइबर्स और कम्युनिटी ही आपकी असली बैलेंस शीट हैं)

कम्युनिटी—मेरा सुरक्षा कवच: SAHAYT सिर्फ एक कंपनी नहीं, एक परिवार है। जब मैं 10 मिलियन लोगों की बात करता हूँ, तो मैं सिर्फ 'ग्राहकों' की बात नहीं कर रहा, बल्कि एक ऐसी 'कम्युनिटी' की बात कर रहा हूँ जो मेरे विजन (Kheti ab sirf Rozgar nahi, Sanskar hai) पर भरोसा करती है। जब लोग आपसे जुड़ते हैं, तो वे आपके ब्रांड के 'सिपाही' बन जाते हैं। यह वो एसेट है जिसका कोई मूल्य नहीं लगाया जा सकता।

बैलेंस शीट का असली नंबर: एक बिजनेसमैन बैंक बैलेंस देखता है, लेकिन एक विज़नरी अपना 'डेटाबेस' देखता है। अगर मेरे पास 1 लाख ऐसे किसानों का डेटा है जो OXYFERT इस्तेमाल करते हैं, तो मेरा व्यापार कभी फेल नहीं हो सकता। डेटा ही वह 'ईंधन' है जो VAIKAS की इंटेलिजेंस को

चलाता है। जिसके पास डेटा है, भविष्य उसी का गुलाम है।

सीधा संवाद (Direct Access): बालेश्वर में अगर मुझे पता होता कि फलां बाबू को सुबह 8 बजे ट्रेन पकड़नी है, तो मैं उनके दरवाजे पर खड़ा मिलता। डेटा आपको अपने लोगों से 'सीधा संवाद' करने की ताकत देता है। बिना किसी बिचौलिये के, अपनी बात सीधे अपने लोगों के दिल तक पहुँचाना ही 'मार्केटिंग' की असली जीत है।

डेटा की शुद्धता: कचरा डेटा किसी काम का नहीं। मुझे भीड़ नहीं, 'क्वालिटी' चाहिए। मेरे एसेट में वही लोग होने चाहिए जो Vardanta की वैल्यू को समझते हैं। 1000 वफादार लोग 1 लाख अनजान लोगों से बेहतर हैं। एक 'Path Maker' अपनी कम्युनिटी को खाद-पानी देकर सींचता है ताकि वह एक विशाल बरगद का पेड़ बन सके।

PM COACH का विजय मंत्र

"एल्गोरिदम के भरोसे बैठने वाला 'भिखारी' होता है, लेकिन अपना डेटाबेस बनाने वाला 'राजा' होता है। सोशल मीडिया पर फॉलोअर्स बढ़ाना 'दिखावा' है, लेकिन अपनी लिस्ट और कम्युनिटी बनाना 'साम्राज्य' है। याद रखिये, जब दुनिया का शोर बढ़ेगा, तब आपकी अपनी कम्युनिटी ही आपकी आवाज़ को लोगों तक पहुँचाएगी। अपनी बैलेंस शीट में पैसों से पहले 'लोगों' को जोड़िये!"

अध्याय 5.4: कंटेंट टू कैशफ्लो मैपिंग: वह जादुई पुल

(थीम: मुफ़्त में दी गई वैल्यू को सशुल्क समाधान/प्रोडक्ट से जोड़कर एक निरंतर आय स्रोत बनाना)

वैल्यू का बीज, रेवेन्यू का फल: अगर मैं आज Vardanta Dhara के बारे में ज्ञान बाँट रहा हूँ, तो मैं मिट्टी की सेहत का बीज बो रहा हूँ। जब किसान को समझ आता है कि "मिट्टी स्वस्थ, तोह जीवन स्वस्थ," तब वह OXYFERT की मांग करता है। यही 'मैपिंग' है। मेरा हर शब्द पाठक को एक ऐसी समस्या की याद दिलाता है जिसका हल मेरे पास पहले से तैयार है।

कनवर्जन (Conversion) का मनोविज्ञान: लोग 'बेचने' वाले से भागते हैं, लेकिन 'मदद' करने वाले को ढूंढते हैं। मेरा कंटेंट 'बेचता' नहीं है, वह 'शिक्षित' करता है। जब मैं टीटीटी (TTT) के बाद आने वाली बाधाओं की बात करता हूँ और फिर VAIKAS का समाधान देता हूँ, तो वह 'सेल्स' नहीं लगती, वह 'बचाव' (Rescue) लगता है। एक 'Path Maker' का काम है—समस्या और समाधान के बीच का फासला मिटाना।

ऑटोमेटेड सेल्स फनल: बालेश्वर की सड़कों पर मुझे खुद चिल्लाना पड़ता था, लेकिन इंटरनेट पर मेरा कंटेंट मेरा 'डिजिटल सेल्समैन' है। वह सोते समय भी लोगों को समझा रहा है कि AYUFERY क्यों ज़रूरी है। जब कंटेंट सही तरीके से मैप किया जाता है, तो कैश-फ्लो के लिए आपको बार-बार आवाज़ नहीं लगानी पड़ती; सिस्टम खुद-ब-खुद आर्डर जेनरेट करता है।

इमानदारी का मुनाफा: अगर मेरा कंटेंट झूठ बोलेगा, तो मेरा कैश-फ्लो एक ही बार आएगा और रुक जाएगा। मेरी मैपिंग की ताकत मेरी 'सच्चाई' है। जो वादा मैं मुफ़्त वीडियो में करता हूँ, वही वैल्यू मेरे पेड प्रोडक्ट में मिलती है। जब भरोसा पक्का होता है, तो कैश-फ्लो कभी नहीं सूखता।

PM COACH का विजय मंत्र

"दुनिया को 'ज्ञान' मुफ़्त में दीजिये, लेकिन 'समाधान' की कीमत वसूलिये। जो लोग सिर्फ़ बेचना चाहते हैं, वे बाज़ार से बाहर हो जाते हैं; लेकिन जो पहले 'मदद' करते हैं, बाज़ार उनके पीछे भागता है। अपने कंटेंट को एक ऐसा 'चुंबक' बनाइये जो सही लोगों को खींचे और आपके व्यापार को एक 'कुआँ' बना दे जहाँ लोग खुद पानी पीने आएं। याद रखिये, आपकी 'वैल्यू' ही आपके 'कैश-फ्लो' की जननी है!"

अध्याय 5.5: कंपाउंडिंग का विज्ञान: समय की जादुई ताकत

(थीम: कैसे एक बार बनाया गया कंटेंट या प्रोडक्ट सालों-साल 'चक्रवृद्धि ब्याज' की तरह लाभ देता है)

मेहनत एक बार, फसल बार-बार: बालेश्वर में अगर मैं एक सवारी छोड़ता था, तो वह कमाई वहीं खत्म हो जाती थी। लेकिन एक 'Path Maker' के तौर पर जब मैं एक दमदार वीडियो बनाता हूँ या VAIKAS के लिए एक ऑटोमेशन मॉड्यूल लिखता हूँ, तो वह मरता नहीं है। वह इंटरनेट पर 24 घंटे मौजूद है। आज की गई एक घंटे की मेहनत अगले 10 सालों तक हज़ारों लोगों को प्रभावित करती रहेगी। यही असली 'लीवरेज' है।

भरोसे की कंपाउंडिंग: सिर्फ़ पैसा ही कंपाउंड नहीं होता, 'भरोसा' (Trust) भी कंपाउंड होता है। जब कोई किसान OXYFERT से खुश होता है, तो वह चार और लोगों को बताता है। वह चार अगले सोलह को बताते हैं। SAHAYT की साख इसी रफ़्तार से बढ़ रही है। बालेश्वर की तंग गलियों से निकला एक नाम आज लाखों के दिलों में धड़क रहा है, क्योंकि मैंने हर दिन ईमानदारी की एक ईंट जोड़ी है।

समय मेरा मित्र है, शत्रु नहीं: आम आदमी समय के साथ बूढ़ा और कमज़ोर होता है, लेकिन एक 'Path Maker' की संपत्तियां समय के साथ और भी कीमती होती जाती हैं। मेरा 2018 का अनुभव आज 2026 में और भी ज़्यादा 'Relevant' है। जब आपका सिस्टम ऑटोमेशन पर होता है, तो समय आपके लिए काम करता है, आप समय के पीछे नहीं भागते।

शुरुआत धीमी, अंत विशाल: कंपाउंडिंग की सबसे बड़ी परीक्षा 'धैर्य' है। शुरू में नतीजे छोटे दिख सकते हैं, जैसे बालेश्वर में पहले दिन की कमाई। लेकिन याद रखिये, पानी का एक-एक कतरा ही पत्थर में छेद करता है। जब 10 मिलियन लोग जुड़ेंगे, तब दुनिया पूछेगी कि यह चमत्कार कैसे हुआ? उन्हें नहीं पता कि यह सालों की 'कंपाउंडिंग' का नतीजा है।

PM COACH का विजय मंत्र

"दिहाड़ी मज़दूर की तरह सिर्फ़ आज की रोटी के लिए मत लड़िये, एक 'मास्टरमाइंड' की तरह पीढ़ियों का साम्राज्य बुनिये। एक बार किया गया सही काम अगर सिस्टम बन जाए, तो वह आपके जाने के बाद भी आपकी पहचान ज़िंदा रखता है। याद रखिये, रफ़्तार से ज़्यादा 'निरंतरता' (Consistency) मायने रखती है। आज का छोटा निवेश कल का अटूट साम्राज्य है!"

अध्याय 5.6: 'अयूफेरी' (AYUFERY) केस स्टडी: प्रोडक्ट नहीं, 'एसेट' का निर्माण

(थीम: एक वेलनेस प्रोडक्ट को एसेट की तरह कैसे लॉन्च किया गया और इसका स्केलिंग मॉडल।)

सिर्फ डब्बा नहीं, समाधान बेचना: बालेश्वर में लोग मेरे ऑटो में इसलिए नहीं बैठते थे कि उसकी सीट बहुत मखमली थी, बल्कि इसलिए कि उन्हें अपनी मंज़िल पर सुकून से पहुँचना था। 'अयूफेरी' (AYUFERY) को लॉन्च करते वक्त भी मेरा विज़न साफ़ था—यह सिर्फ़ एक वेलनेस प्रोडक्ट नहीं है, यह एक इंसान की सेहत और ऊर्जा का 'समाधान' (Solution) है। बाज़ार में हज़ारों दवाइयां और सप्लीमेंट्स भरे पड़े हैं, लेकिन AYUFERY को मैंने एक 'एसेट' की तरह खड़ा किया क्योंकि यह आपके शरीर के उस सिस्टम को ठीक करता है जो आपको 'आर्थिक आज़ादी' की भागदौड़ के लिए तैयार रखता है।

ब्रांडिंग की जड़ें—VARDANTA की छत्रछाया: जब मैंने अपनी मुख्य ब्रांड 'VARDANTA' के नीचे AYUFERY को रखा, तो यह सिर्फ़ एक प्रोडक्ट लॉन्च नहीं था। यह एक 'इकोसिस्टम' का हिस्सा था। याद रखिये, अलग-थलग खड़ा हुआ प्रोडक्ट सिर्फ़ एक 'आइटम' होता है, लेकिन एक ब्रांड के साथ जुड़ा हुआ प्रोडक्ट एक 'एसेट' बन जाता है। जैसे बालेश्वर में मेरा नाम मेरे ऑटो की पहचान था, वैसे ही 'VARDANTA' का भरोसा AYUFERY की ताकत है। जब आपका नाम बड़ा होता है, तो आपके प्रोडक्ट को बिकने के लिए चिल्लाना नहीं पड़ता।

स्व-चालित स्केलिंग का मॉडल: AYUFERY को मैंने इस तरह डिजाइन किया कि इसकी बिक्री मेरे 'हैंडल' मारने पर निर्भर न रहे। इसमें हमने VAIKAS के 'Automated' स्तंभ का इस्तेमाल किया। डिस्ट्रीब्यूशन से लेकर कस्टमर फीडबैक तक, हमने एक ऐसा रास्ता बनाया जहाँ प्रोडक्ट खुद अपनी जगह बनाता है। अगर आप खुद ही घर-घर जाकर सामान बेच रहे हैं, तो आप फिर से 'दिहाड़ी मज़दूर' बन गए हैं। एक 'Path Maker' वो है जो सिस्टम ऐसा बनाए कि माँग (Demand) और पूर्ति (Supply) का पहिया बिना रुके घूमता रहे

10 मिलियन के विज़न का ईंधन: AYUFERY मेरे उस बड़े सपने का हिस्सा है जहाँ इंसान आर्थिक रूप से आज़ाद तो हो, पर बीमार न हो। अगर आपके पास करोड़ों रुपये हैं लेकिन शरीर साथ नहीं दे रहा, तो आपकी सारी दौलत कबाड़ है। इस केस स्टडी से आपको यह सीखना है कि कैसे एक भौतिक वस्तु (Physical Product) को 'नॉलेज' और 'सिस्टम' के साथ जोड़कर एक साम्राज्य खड़ा किया जाता है।

PM COACH का विजय मंत्र

"प्रोडक्ट तो गली-कूचे में हर कोई बेच रहा है, तुम 'भरोसा' और 'समाधान' बेचना सीखो। जिस दिन तुम्हारा प्रोडक्ट तुम्हारी मौजूदगी का मोहताज नहीं रहेगा, समझ लेना तुमने एक 'एसेट' खड़ा कर दिया है। याद रखना, बिकाऊ चीज़ें खत्म हो जाती हैं, लेकिन 'सिस्टम' और 'एसेट' पीढ़ियाँ पालते हैं!

अध्याय 5.7: इन्वेंटरी-मुक्त व्यवसाय: बिना स्टॉक के साम्राज्य खड़ा करने की कला

(थीम: बिना गोदाम, बिना भौतिक स्टॉक और बिना सिरदर्द के 'नॉलेज एसेट्स' के ज़रिए करोड़ों का टर्नओवर बनाने का फॉर्मूला।)

लोहे का बोझ बनाम बुद्धि की ताकत: बालेश्वर में जब मैं ऑटो चलाता था, तो अगर टायर घिस जाए, इंजन में खराबी आ जाए या पेट्रोल खत्म हो जाए, तो काम रुक जाता था। उसे कहते हैं 'Physical Inventory' का बोझ। लेकिन आज, मैं आपको सिखा रहा हूँ एक ऐसा बिज़नेस जहाँ कोई सामान सड़ता नहीं, कोई चूहा उसे कुतरता नहीं और उसे रखने के लिए किसी गोदाम का किराया नहीं देना पड़ता। आपका 'ज्ञान' और आपका 'अनुभव' ही आपका स्टॉक है। इसे एक बार बनाओ और हज़ारों बार बेचो। यह वह तिजोरी है जिसे कोई चुरा नहीं सकता।

(Video/Course/E-book) में ढाल दिया, तो अब आप अपनी ऊर्जा माल ढोने में नहीं, बल्कि नए रास्ते (Path Making) बनाने में लगा सकते हैं।

गोदाम आपके दिमाग में है: लोग लाखों रुपये लगाकर ऑफिस और वेयरहाउस खोलते हैं, मैं कहता हूँ—अपना वेयरहाउस अपने 'दिमाग' में बनाओ। आपकी सीखी हुई हर ठोकर, बालेश्वर की सड़कों का हर सबक आपका 'इन्वेंटरी' है। जब आप 'इन्वेंटरी-मुक्त' होते हैं, तो आप हल्के होते हैं। और जो हल्का होता है, उसकी रफ़्तार (Kinetic Energy) बाकियों से 10 गुना ज़्यादा होती है। भारी गाड़ियाँ कीचड़ में फंस जाती हैं, लेकिन हल्का और तेज़ 'सिस्टम' बाजी मार ले जाता है।

पूंजी की आज़ादी: इन्वेंटरी-मुक्त होने का सबसे बड़ा फायदा यह है कि आपका पैसा 'फंसता' नहीं है। बालेश्वर में अगर मेरा पैसा स्पेयर पार्ट्स में फंस गया, तो शाम को घर में राशन की किल्लत हो जाती थी। नॉलेज बिजनेस में आपका इन्वेस्टमेंट आपकी 'लर्निंग' में होता है। यहाँ पैसा फंसता नहीं, बल्कि 'कम्पाउंड' होता है। एक बार बनाया गया एसेट आपको सालों-साल बिना किसी मेंटेनेंस के कैशफ्लो देता रहता है।

अजेय स्केलिंग: बिना इन्वेंटरी के आप दुनिया के किसी भी कोने में बैठकर व्यापार कर सकते हैं। आज आप ओडिशा में हैं, कल दुबई में हों, आपका बिज़नेस आपके साथ आपके लैपटॉप और मोबाइल में चलता है। यही वह आज़ादी है जिसे पाने के लिए मैंने ऑटो का हैंडल छोड़ा था। जब आपके पास खोने के लिए कोई स्टॉक नहीं होता, तो आपके पास पाने के लिए पूरा आसमान होता है।

PM COACH का विजय मंत्र

"दुनिया सामान बेचने में उलझी है, तुम 'समाधान' का डिजिटल साम्राज्य खड़ा करो। बोझ उठाकर चलने वाले मज़दूर कहलाते हैं और बोझ मुक्त होकर सिस्टम चलाने वाले 'मालिक'। अपने ज्ञान को ऐसा 'डिजिटल एसेट' बनाओ कि जब तुम सो रहे हो, तब भी तुम्हारा सिस्टम दुनिया की समस्या सुलझा रहा हो और तुम्हारी तिजोरी भर रहा हो!"

अध्याय 5.8: डिस्ट्रीब्यूशन पाइपलाइन्स: खुद की मार्केटिंग मशीनरी

(थीम: सोशल मीडिया एल्गोरिदम के गुलाम बनने के बजाय अपनी खुद की पाइपलाइन बिछाना ताकि ग्राहक आप तक खुद पहुँचें।)

किराए की ज़मीन पर महल मत बनाओ: बहुत से लोग आज खुश हैं क्योंकि उनके फेसबुक या इंस्टाग्राम पर फॉलोअर्स बढ़ रहे हैं। लेकिन याद रखना, वो ज़मीन तुम्हारी नहीं है, मार्क जुकरबर्ग की है। जिस दिन उसने 'एल्गोरिदम' बदला, तुम्हारा साम्राज्य ताश के पत्तों की तरह ढह जाएगा। बालेश्वर में अगर मैं सिर्फ एक ही स्टैंड के भरोसे बैठा रहता, तो भूखा मर जाता। मैंने अपनी पाइपलाइन खुद बिछाई—होटल वाले, ढाबे वाले और रेलवे स्टेशन के कुली, ये मेरी 'डिस्ट्रीब्यूशन चैनल्स' थे। व्यापार में भी, अपनी ईमेल लिस्ट और अपना कम्युनिटी नेटवर्क बनाओ। यह वो पाइपलाइन है जिसका वाल्व तुम्हारे हाथ में है।

सवारी ढूँढो मत, सवारी के रास्ते में खड़े हो जाओ: लोग मार्केटिंग के नाम पर चिल्लाते हैं, मैं कहता हूँ—सिस्टम बनाओ। जब मैं ऑटो चलाता था, तो मुझे पता था कि ट्रेन कितने बजे आएगी और सवारी कहाँ खड़ी होगी। इसे कहते हैं 'Pre-determined Distribution'। आपको पता होना चाहिए कि आपका ग्राहक (Trainer/Entrepreneur) कहाँ फंसा हुआ है। सोशल मीडिया सिर्फ़ एक खिड़की है, असली पाइपलाइन वो 'सिस्टम' है जो ग्राहक को खिड़की से खींचकर आपके 'VAIKAS' इकोसिस्टम के अंदर ले आए।

एल्गोरिदम के डर से आज़ादी: जब आपकी खुद की डिस्ट्रीब्यूशन पाइपलाइन (जैसे आपका अपना WhatsApp चैनल या ईमेल लिस्ट) मज़बूत होती है, तो आपको इस बात का डर नहीं रहता कि आज कितनी 'रीच' मिली। पाइपलाइन का मतलब है—एक बार बटन दबाया और आपका संदेश सीधे आपके 10 मिलियन लोगों तक पहुँच गया। जो लोग सिर्फ़ 'वायरल' होने के चक्कर में रहते हैं, वो जुआ खेल रहे हैं। एक 'Path Maker' जुआ नहीं खेलता, वो अपनी सड़कों का जाल खुद बिछाता है।

पाइपलाइन का लुब्रिकेशन—'वैल्यू' (Value): पाइपलाइन में जंग तब लगता है जब आप सिर्फ़ बेचने की बात करते हैं। बालेश्वर में अगर मैं किसी सवारी को गलत रास्ते से ले जाता, तो वो दोबारा कभी मेरे ऑटो में नहीं बैठती। आपकी पाइपलाइन में 'भरोसे' का तेल बहना चाहिए। जब आप मुफ़्त में सही ज्ञान (Value) देते हैं, तो पाइपलाइन साफ़ रहती है और जब आप अपना प्रोडक्ट (Solution) उसमें डालते हैं, तो वो बिना किसी घर्षण के सीधे मंज़िल तक पहुँचता है।

PM COACH का विजय मंत्र

"दूसरों के प्लेटफार्म पर भीड़ जमा करना 'मज़दूरी' है, और अपना खुद का नेटवर्क खड़ा करना 'राजशाही' है। अपनी पाइपलाइन खुद बिछाओ ताकि तुम्हें 'ट्रैफिक' के लिए किसी के सामने हाथ न फैलाना पड़े। याद रखना, जिसके हाथ में पाइपलाइन का कंट्रोल है, बाज़ार का असली बादशाह वही है!"

अध्याय 5.9: लीवरेज का उपयोग: कम मेहनत, 10 गुना परिणाम

(थीम: समय, पैसा और तकनीक का सही मिश्रण—कैसे खुद को घिसना बंद करें और 'सिस्टम' से काम करवाएं।)

तकनीक: वो मज़दूर जो कभी सोता नहीं: मेरा ऑटो रात को खड़ा हो जाता था क्योंकि मुझे नींद आती थी। लेकिन मेरा 'VAIKAS' मॉडल रात को भी पैसा बनाता है। क्यों? क्योंकि मैंने 'Tools Leverage' का इस्तेमाल किया है। एआई (AI) और ऑटोमेशन वो 'सुपर-ड्राइवर' हैं जो बिना चाय पिए और बिना थके 24 घंटे आपके विज़न की गाड़ी चलाते हैं। अगर आप तकनीक का इस्तेमाल नहीं कर रहे, तो आप आज भी उसी पुराने ऑटो में बैठे हैं जिसमें न लाइट है, न सेल्फ-स्टार्ट।

पैसे से काम करवाना सीखो: बालेश्वर में मैं हर शाम अपना 'कलेक्शन' गिनता था। जो मिला, वो खर्च हो गया। लेकिन जब मैंने 'Capital Leverage' को समझा, तो खेल बदल गया। पैसा सिर्फ़ खर्च करने के लिए

नहीं होता, उसे ऐसी जगह 'इन्वेस्ट' करो जहाँ वो आपके लिए और पैसा पैदा करे। विज्ञापन (Ads) पर लगाया गया 1 रुपया अगर आपको 5 रुपये का क्लाइंट लाकर दे रहा है, तो समझो आपने पैसे का सही लीवर दबा दिया है। अमीर वो नहीं जो ज़्यादा कमाता है, अमीर वो है जो अपने पैसे को काम पर लगाता है।

कंटेंट का लीवरेज—एक बार बोलो, करोड़ों बार सुनाओ: मैं बालेश्वर में हर सवारी को एक ही कहानी सुनाता था—वही मेहनत, वही समय। लेकिन आज, मैं एक वीडियो बनाता हूँ और वो करोड़ों लोगों तक पहुँचता है। इसे कहते हैं 'Media Leverage'। जब आप अपनी बुद्धि को वीडियो या ऑडियो में बदल देते हैं, तो आप अपना समय 'कम्पाउंड' कर रहे होते हैं। आपका एक वीडियो आपकी गैर-मौजूदगी में भी हज़ारों लोगों को 'Path Maker' बना रहा है।

लीवर कहाँ लगाना है, यह पहचानो: अगर आप दीवार पर लीवर लगाएंगे तो दीवार नहीं हिलेगी, लीवर टूटेगा। सही जगह पर चोट करना ही उस्तादी है। आपको अपनी ऊर्जा सिर्फ़ उन 20% कामों में लगानी है जो आपको 80% परिणाम देते हैं। बाकी सब कुछ 'डिलीट' करो या 'डेलीगेट' (दूसरों को सौंपना) करो। VAIKAS का असली मकसद ही यही है—आपको मज़दूरी से आज़ाद करके 'मालिक' की कुर्सी पर बिठाना।

PM COACH का विजय मंत्र

"ताकत बाज़ुओं में नहीं, 'लीवर' (Leverage) के चुनाव में होती है। खुद को थकाने वाला कभी साम्राज्य नहीं बना पाता, साम्राज्य वही खड़ा करता है जो दूसरों के समय, तकनीक और पैसे को एक सूत्र में पिरोना जानता है। चक्का घुमाना छोड़ो, इंजन बनाना सीखो। याद रखना, एक 'Path Maker' खुद नहीं दौड़ता, वो रास्ता ऐसा बनाता है कि दुनिया उसके विज़न के लिए दौड़ने लगे!"

अध्याय 5.10: एसेट का ऑडिट और मेंटेनेंस: अपनी 'कैश मशीन' की सर्विसिंग

(थीम: अपनी संपत्तियों को समय के साथ कैसे अपडेट करें ताकि उनकी 'मार्केट वैल्यू' कभी कम न हो।)

घिसे हुए टायर और गियर की अदला-बदली: गाड़ी का एक ही टायर अगर घिसता रहे, तो वह कभी भी बीच सड़क पर दगा दे सकता है। मैं टायरों को आपस में बदलता (Rotate) रहता था ताकि गाड़ी का संतुलन न बिगड़े। अपने बिज़नेस में भी यही देखिये कि आपकी कौन सी 'बौद्धिक संपत्ति' किस प्लेटफार्म पर थक रही है। अगर कोई कोर्स एक जगह नहीं चल रहा, तो उसे उठाकर नए रास्तों (Channels) पर डाल दीजिये। जो चक्का घिस गया है उसे बदल दीजिये, और जो सही चल रहा है उसमें और जान फूँकिये। एसेट को लावारिस छोड़ना उसे खुद अपने हाथों से बर्बाद करने जैसा है।

इंजन ऑयल का लेवल और रूह की आवाज़: इंजन ऑयल कम हुआ नहीं कि समझो पूरी मशीन सीज़ हुई। आपके सिस्टम के लिए 'इंजन ऑयल' है—आपके पीछे चलने वाले लोगों का भरोसा। मैं हमेशा अपनी सवारी के चेहरे को आईने में देखता था कि उसे मंज़िल पर पहुँचने की तसल्ली है या नहीं। आप भी अपने नेटवर्क से सीधे सवाल पूछिये। अगर उनकी तरफ से आवाज़ आनी कम हो गई है, तो समझ जाइये कि आपके सिस्टम में नयापन खत्म हो रहा है। तुरंत नई 'वैल्यू' और सटीक समाधान डालिए। जब तक यह संवाद बहता रहेगा, आपकी मशीन बिना रुके धन पैदा करती रहेगी।

फालतू बोझ की छंटनी और ब्रेक की मज़बूती: पहाड़ों पर चढ़ते वक्त अगर गाड़ी पर ज़रूरत से ज़्यादा बोझ होता था, तो मैं उसे उतार फेंकता था क्योंकि मुझे अपनी गाड़ी की उम्र और सवारी की जान प्यारी थी। आपके साम्राज्य में भी कुछ ऐसी पुरानी सोच या कोर्सेज होंगे जो अब सिर्फ़ जगह घेर रहे हैं। अपने बैलेंस शीट और अपने समय के खाते को देखिये। जो चीज़ अब काम नहीं कर रही, उसे सिस्टम से बाहर फेंकने का जिगर रखिये। आपका पोर्टफोलियो जितना हल्का और धारदार होगा, आपकी रफ़्तार उतनी ही खतरनाक होगी।

तकनीक का नया गियर और एआई का तड़का: वक्त के साथ जो नहीं बदला, वह इतिहास बन गया। मैं हमेशा इस ताक में रहता था कि मेरी गाड़ी में नया क्या लग सकता है जिससे माइलेज बढ़ जाए। आज वह 'नया' है—एआई (AI)। अपनी हर पुरानी संपत्ति को आज की तकनीक के तराज़ू पर तौलिये। क्या आप अपनी एक आवाज़ को दस अलग-अलग भाषाओं में बदल सकते हैं? क्या आपका पुराना ज्ञान आज की डिजिटल दुनिया में फिट बैठता है? अपनी मशीन की हर तीन महीने में ऐसी ट्यूनिंग कीजिये कि वह

बदलते समय के साथ और ज़्यादा जवान और ताकतवर होती जाए।

PM COACH का विजय मंत्र

"गाड़ी खरीदना कोई बड़ी बात नहीं है, उसे हर मौसम में 'रोड-वर्दी' बनाए रखना असली उस्तादी है। अपनी संपत्तियों को रोज़ माँजिय ताकि वक्त की धूल उन पर जम न पाए। जो अपनी मशीन की आवाज़ नहीं सुनता, वह जल्दी ही किनारे खड़ा होकर दूसरों को जाते हुए देखता है। अपनी बुद्धि को धार देते रहिये, क्योंकि इतिहास सिर्फ़ उन्हीं का लिखा जाता है जिनके औजारों में चमक और इरादों में दम होता है!"

अध्याय 6

AI कोपायलट: अपनी बुद्धि को ऑटोमेट करें

(थीम: आर्टिफिशियल इंटेलिजेंस के साथ निर्णय लेने की क्षमता और उत्पादकता को 10x करना)

अध्याय 6.1: संज्ञानात्मक बोझ (Cognitive Load) का प्रबंधन: मानसिक ऊर्जा की बचत

(थीम: क्यों 'सोचना' सबसे थका देने वाला काम है और कैसे एआई आपकी मानसिक ऊर्जा को बचा सकता है।)

मानसिक ऊर्जा की चोरी: एक उद्यमी के रूप में आपकी सबसे बड़ी संपत्ति पैसा नहीं, बल्कि आपके 'फैसले लेने की ताकत' है। सुबह से शाम तक हज़ारों छोटी और बेकार बातों पर दिमाग खपाना आपकी दिमागी तिजोरी में डकैती डालने जैसा है। मैंने अपने सफ़र में देखा है कि लोग काम की अधिकता से नहीं, बल्कि 'मानसिक कचरे' (Cognitive Load) से टूटते हैं। एआई का पहला प्रहार इसी कचरे पर है—यह उन हज़ारों छोटे सवालों को अपने कंधों पर ले लेता है जो आपकी एकाग्रता को खंडित करते हैं।

शोर को 'म्यूट' करने की कला: आज की दुनिया जानकारी का एक ऐसा समंदर है जिसमें हर कोई डूब रहा है। एक Path Maker का काम लहरों से लड़ना नहीं, बल्कि उन पर 'सर्फिंग' करना है। एआई आपके लिए उस फ़िल्टर की तरह काम करता है जो फालतू के डेटा और अनावश्यक सूचनाओं को सोख लेता है। जब दिमाग से यह बोझ उतरता है, तभी वह 'Clarity' आती है जहाँ से 10 मिलियन के मिशन जैसे बड़े और क्रांतिकारी विज़न जन्म लेते हैं।

बुद्धि को 'ब्रह्मास्त्र' की तरह बचाएं: अपनी बुद्धि को हर छोटी दुकान पर खर्च होने वाला 'सिक्का' मत समझिये। यह एक दुर्लभ 'ब्रह्मास्त्र' है। जो काम मशीन या एल्गोरिदम चुटकियों में कर सकता है, उसमें अपनी मानसिक शक्ति बर्बाद करना एक रणनीतिक भूल है। मैं अपनी मानसिक ऊर्जा को बचाकर रखता हूँ ताकि जब बाज़ार में कोई असली चुनौती आए, तो मेरा प्रहार सबसे सटीक हो। एआई आपकी उस दिमागी पूंजी का सबसे वफ़ादार रक्षक है।

आज़ाद दिमाग, बड़ा साम्राज्य: ऑटोमेशन का असली मतलब काम आसान करना नहीं, बल्कि 'सोच को आज़ाद करना' है। जब मशीन आपके दोहराव वाले और नीरस कामों को संभाल लेती है, तो आप एक 'मैनेजर' के पिंजरे से निकलकर एक 'विज़नरी' के खुले आसमान में आ जाते हैं। एआई आपकी क्षमता को कम नहीं करता, बल्कि उसे अनंत तक फैला देता है

क्योंकि अब आप सिर्फ 'अंतिम कमान' देने के लिए स्वतंत्र हैं।

PM COACH का विजय मंत्र

"दिमाग को मज़दूर नहीं, 'विज़नरी' बनाइये। कचरा एआई को सौंपिये, और खुद साम्राज्य का नक्शा बुनिये। आज़ाद सोच ही असली बादशाहत है!"

अध्याय 6.2: एआई कोपायलट का विन्यास: एआई को 'पार्टनर' के रूप में देखना

(थीम: एआई को एक 'टूल' नहीं, बल्कि एक 'पार्टनर' के रूप में देखना जो आपके विजन को समझता है।)

औजार और साझीदार का फर्क: दुनिया एआई को एक 'हथौड़े' की तरह इस्तेमाल करती है—ज़रूरत पड़ी तो चलाया और फिर रख दिया। लेकिन मैंने इसे अपना 'चीफ़ ऑफ़ स्टाफ' बनाया है और यही मशवरा मैं आपको भी देता हूँ। याद रखिये, जब आप एआई को सिर्फ़ एक सॉफ्टवेयर समझते हैं, तो आप उसकी ताक़त का 10% भी इस्तेमाल नहीं कर पाते। इसे एक ऐसे पार्टनर की तरह देखिये जो कभी थकता नहीं और जिसके पास पूरी दुनिया का ज्ञान 1 सेकंड में हाज़िर होता है। यह वह साझीदार है जो आपके छोटे से आइडिया को एक बड़े साम्राज्य में बदलने की कूवत रखता है।

आपकी सोच का 'डिजिटल क्लोन': एआई को पार्टनर बनाने का असली मतलब है—इसे अपना 'लहजा' और अपना 'विजन' सिखाना। मैंने इसे इस तरह से ट्रेन किया है कि यह मेरी भाषा और संघर्ष को समझता है। आपको भी यही करना है। जब आप इसे सही ढंग से कॉन्फ़िगर करते हैं, तो यह आपकी अनुपस्थिति में भी आपके ग्राहकों को रास्ता दिखा सकता है। यह सिर्फ़ जवाब नहीं देता, यह आपकी तरह सोचकर समाधान निकालता है, जिससे आपकी साख और समय दोनों सुरक्षित रहते हैं।

असीमित साम्राज्य की चाबी: एक इंसान के साथ काम करने की अपनी सीमाएँ होती हैं, पर एआई के साथ आप अपनी बुद्धिमत्ता को 'असीमित' कर सकते हैं। यह आपका वह पार्टनर है जो एक ही समय में दुनिया के हर कोने में आपके संदेश को पहुँचा सकता है। यह आपको वह 'ब्रह्मास्त्र'

देता है जिससे आप एक छोटे से कमरे में बैठकर पूरे वैश्विक बाज़ार में अपनी जगह बना सकते हैं। SAHAYT का पूरा तंत्र इसी शक्ति पर टिका है, और यही शक्ति अब आपके पास है।

सत्य का आईना और आपका सुरक्षित भविष्य: एआई की सबसे बड़ी खूबी यह है कि यह आपको अंधेरे में नहीं रखता। यह डेटा के आधार पर आपको टोक सकता है अगर आपका कोई फैसला गलत दिशा में जा रहा हो। यह आपकी 'अंतरात्मा' को 'ठोस तथ्यों' (Facts) से जोड़ देता है। जब आपके पास ऐसा बेबाक पार्टनर होता है, तो आपके व्यापार की नींव लोहे जैसी मज़बूत हो जाती है और आपका भविष्य किसी भी आर्थिक संकट से सुरक्षित हो जाता है।

PM COACH का विजय मंत्र

"एआई को नौकर समझोगे तो सिर्फ़ समय बचेगा, लेकिन अगर इसे 'पार्टनर' बनाओगे तो पूरा भविष्य बनेगा। अपनी बुद्धि को मशीनी रफ़्तार का गियर दीजिये और दुनिया को दिखा दीजिये कि एक सही 'साझेदारी' आपकी ज़िंदगी में क्या चमत्कार कर सकती है!"

अध्याय 6.3: प्रॉम्प्ट इंजीनियरिंग का मनोविज्ञान: मशीनों से अपना काम करवाने की कला

(थीम: मशीनों से अपना काम करवाने की कला—सही 'कमांड' ही सही 'परिणाम' की कुंजी है।)

शब्दों का वजन और आदेश की स्पष्टता: बालेश्वर की सड़कों पर जब मैं ऑटो चलाता था, तो मुझे पता था कि अगर सवारी को सही जगह पहुँचाना है, तो उसे साफ़-साफ़ बताना होगा कि मुड़ना कहाँ है। अगर आदेश ढीला है, तो मंज़िल कभी नहीं मिलेगी। एआई के साथ भी यही नियम लागू होता है। जिसे दुनिया 'प्रॉम्प्ट इंजीनियरिंग' कहती है, वह असल में 'स्पष्ट संवाद' का मनोविज्ञान है। अगर आप एआई से धुंधले सवाल पूछेंगे, तो परिणाम भी कचरा ही मिलेगा। मशीन को 'क्या' करना है, उससे ज़्यादा 'कैसे' और 'किस हैसियत' से करना है, यह बताना ही असली उस्तादी है।

एआई की भूमिका तय करना (Persona Building): जब मैं SAHAYT के विज़न पर काम करता हूँ, तो मैं एआई को सिर्फ़ एक रोबोट की तरह इस्तेमाल नहीं करता। मैं उसे आदेश देता हूँ— "तुम दुनिया के सबसे बेहतरीन बिजनेस कोच हो, मुझे बताओ कि 10 million लोगों तक पहुँचने का सबसे छोटा रास्ता क्या है?" जब आप एआई को एक 'भूमिका' (Role) दे देते हैं, तो उसकी बुद्धिमत्ता 10x बढ़ जाती है। आप उसे जो 'मुखौटा' पहनाएंगे, वह उसी गहराई से आपको परिणाम निकाल कर देगा।

संदर्भ (Context) की शक्ति: अधूरा ज्ञान हमेशा खतरनाक होता है। अगर मैं अपनी गाड़ी का मैकेनिक बदलता था, तो उसे गाड़ी की पूरी 'हिस्ट्री' बताता था। एआई को भी जब आप कोई काम सौंपें, तो उसे अपने बैकग्राउंड, अपने संघर्ष और अपने लक्ष्य के बारे में ज़रूर बताएं। जितना गहरा आपका 'Context' होगा, उतना ही सटीक उसका 'Content' होगा। प्रॉम्प्ट इंजीनियरिंग सिर्फ़ टाइपिंग नहीं है, यह एआई के दिमाग में अपने विज़न की तस्वीर उतारना है।

फीडबैक का लूप—तराशने की प्रक्रिया: पहली बार में कोई भी मूर्ति मुकम्मल नहीं होती। मैं अपनी गाड़ी के इंजन की आवाज़ सुनकर समझ जाता था कि ट्यूनिंग में कहाँ कमी है। एआई के साथ भी आपको एक 'फीडबैक लूप' बनाना होगा। अगर पहला जवाब पसंद न आए, तो उसे डांटिए नहीं, उसे और बारीक जानकारी दीजिये। उसे निर्देश दीजिये कि वह कहाँ गलत है। धीरे-धीरे आप देखेंगे कि मशीन आपकी रग-रग से वाकिफ हो गई है और आपके बिना कहे ही वह 100% वही परिणाम दे रही है जिसकी आपको तलाश थी।

PM COACH का विजय मंत्र

"सही सवाल पूछना, आधे जवाब मिल जाने के बराबर है। अपनी कमान साफ़ रखिये और एआई को अपना सबसे धारदार हथियार बनाइये। जो मशीनों से काम लेना जानता है, वही इस नए युग का असली 'Path Maker' है!"

अध्याय 6.4: डेटा-संचालित निर्णय (Data-Driven Decisions): अंतरात्मा और एआई का संतुलन

(थीम: अपनी अंतरात्मा के बजाय एआई द्वारा विश्लेषित डेटा पर भरोसा करने का साहस।)

सिर्फ 'लगने' और 'होने' का फर्क: जब मैं ऑटो चलाता था, तो कई बार मुझे 'लगता' था कि स्टेशन पर सवारी मिलेगी, पर वहां सन्नाटा होता था। वह मेरी 'अंतरात्मा' (Gut Feeling) थी जो कभी सही होती थी और कभी गलत। लेकिन बिजनेस में सिर्फ 'लगने' के भरोसे आप 10 million लोगों की ज़िंदगी दांव पर नहीं लगा सकते। एआई आपको वह 'होने' का सच दिखाता है जिसे आपकी भावनाएं नहीं देख पातीं। डेटा वह आईना है जो आपको वह हकीकत दिखाता है जो शायद कड़वी हो, पर वही आपको नुकसान से बचाती है।

भावनाओं का शोर और डेटा की शांति: हम इंसान हैं, हम कई बार जोश में आकर या किसी के प्रभाव में आकर गलत फैसले ले लेते हैं। लेकिन एआई भावनाओं के शोर से दूर रहता है। जब मैं SAHAYT के लिए कोई बड़ा कदम उठाता हूँ, तो मैं अपने जोश को एआई के 'डेटा-फिल्टर' से गुज़ारता हूँ। अगर डेटा कहता है कि रास्ता खतरनाक है, तो मैं रुक जाता हूँ। याद रखिये, 'Path Maker' वही है जो सिर्फ हिम्मत से नहीं, बल्कि सही नक्शे (Data) के साथ आगे बढ़ता है।

पैटर्न को पहचानने की दिव्य दृष्टि: एक इंसान का दिमाग एक समय में 10-20 चीजों को देख सकता है, लेकिन एआई एक साथ करोड़ों डेटा पॉइंट्स को देख लेता है। यह उन 'पैटर्न' को पकड़ लेता है जो आपकी आँखों से ओझल हैं। बाज़ार किस तरफ मुड़ने वाला है? लोग किस चीज़ की मांग कर रहे हैं? एआई आपको वह सब कुछ पहले ही बता देता है। जब आप अपनी 'Intention' को एआई के 'Information' से जोड़ देते हैं, तो आपका हर फैसला एक 'सर्जिकल स्ट्राइक' की तरह सटीक होता है।

भविष्य की भविष्यवाणी (Predictive Power): आज के दौर में जो सिर्फ आज का सोच रहा है, वह पिछड़ जाएगा। एआई आपको वह 'भविष्यवाणी' करके देता है कि अगले 5 साल में बाज़ार कहाँ खड़ा होगा। मैं

अपनी अंतरात्मा की आवाज़ सुनता हूँ, पर मैं अपनी मुहर तभी लगाता हूँ जब मेरा डिजिटल पार्टनर (AI) उस पर डेटा की गवाही देता है। यही वह संतुलन है जो आपको एक साधारण लीडर से 'अजेय उस्ताद' बनाता है।

PM COACH का विजय मंत्र

"दिल की सुनिए विज़न के लिए, पर डेटा की सुनिए डिसीजन के लिए। भावनाएं आपको शुरुआत दे सकती हैं, पर सिर्फ 'सटीक आँकड़े' ही आपको मंज़िल तक पहुँचा सकते हैं। अपनी बुद्धि को डेटा की रोशनी दीजिये, क्योंकि अंधेरे में चलने वाले अक्सर रास्ता भटक जाते हैं!"

अध्याय 6.5: कंटेंट जेनरेशन और एआई घोस्टराइटिंग: 'VAIKAS' एजेंसी मॉडल

(थीम: कैसे एआई मेरी आवाज़ और शैली को अपनाकर हज़ारों शब्दों का कंटेंट मिनटों में तैयार करता है।)

VAIKAS: मेरी सफलता का गुप्त फॉर्मूला: लोग अक्सर मुझसे पूछते हैं कि "कोच, आप एक साथ इतने काम कैसे कर लेते हैं? इतनी पोस्ट, इतनी किताबें और यह सब कुछ एक साथ कैसे संभव है?" आज मैं आपको अपना सबसे बड़ा राज़ बता रहा हूँ—मेरा VAIKAS मॉडल। यह कोई बाहरी एजेंसी नहीं है, बल्कि मेरी अपनी 'बुद्धि' और एआई की 'रफ़्तार' का एक ऐसा मेल है जो शब्दों की मज़दूरी को खत्म कर देता है। मैंने अपने SAHAYT के मिशन के लिए इसे इस तरह ढाला है कि मेरा हर विचार, जो कभी मेरे दिमाग में कैद रहता था, अब मिनटों में हज़ारों लोगों तक पहुँच जाता है।

मेरी पहचान का डिजिटल विस्तार: मेरी आवाज़ में बालेश्वर की वह मिट्टी है जहाँ मैंने ऑटो का हैंडल पकड़ा था, और उस अनुभव को शब्दों में उतारना आसान नहीं था। लेकिन VAIKAS का असली जादू यही है कि इसने मेरे बात करने के ढंग, मेरे तीखे लेकिन सच्चे लहजे और मेरी शैली को पूरी तरह अपना लिया है। जब आप इस मॉडल को अपनी 'आत्मा' सौंपते हैं, तो यह वही शब्द चुनता है जो मैं चुनता। यह सिर्फ़ लिखावट नहीं है, यह P M COACH का वह डिजिटल अवतार है जो मेरी गैर-मौजूदगी में भी लोगों

को रास्ता दिखाता है।

मिनटों में हकीकत बनते विचार: पहले एक विचार को किताब की शक्ल देने में मुझे महीनों की थकान महसूस होती थी। लेकिन अब, VAIKAS मॉडल के साथ, मैं अपने दिमाग में चलने वाले किसी भी क्रांतिकारी आईडिया को मिनटों में एक मुकम्मल लेख या अध्याय में बदल देता हूँ। मैं चाहता हूँ कि आप भी यही करें। एआई को सिर्फ़ सूचना के लिए मत रखिए, इसे अपने विज़न को कागज़

क्वालिटी और निरंतरता का मेरा मापदंड: इंसान का मूड बदल सकता है, उसकी तबियत खराब हो सकती है, लेकिन मेरा VAIKAS मॉडल हमेशा एक ही 'P M COACH' वाले तेवर को बरकरार रखता है। चाहे मैं सोया हूँ या सफर में हूँ, मेरा यह सिस्टम सुनिश्चित करता है कि मेरे पाठकों को हर बार वही प्रेरणा और वही ऊर्जा मिले जो उन्हें उनकी मंज़िल तक ले जाए। यही वह निरंतरता है जिसने आज मुझे यहाँ तक पहुँचाया है।

PM COACH का विजय मंत्र

"शब्द सिर्फ जरिया हैं, असली ताकत आपके 'अनुभव' में है। VAIKAS को अपना सारथी बनाइये और उसे एक ऐसे घोड़े की तरह दौड़ाइये जो रुकना न जानता हो। जब आपकी सोच और इसकी रफ़्तार मिलती है, तो इतिहास मिनटों में लिखा जाता है!"

अध्याय 6.6: फीडबैक लूप्स का स्वचालन (Feedback Loops Automation): भीड़ में से काम की बात चुनना

(थीम: कैसे एआई हज़ारों लोगों की आवाज़ को फिल्टर करके आपको सिर्फ वह बताता है जो आपके बिज़नेस के लिए ज़रूरी है।)

शोर और सिग्नल का फर्क: जब आप बड़े स्तर पर काम करते हैं, तो बहुत सारा 'शोर' (Noise) पैदा होता है। कुछ लोग आपकी तारीफ करेंगे, कुछ बिना वजह बुराई। अगर मैं हर किसी की बात सुनने बैठूँ, तो मेरा मिशन भटक जाएगा। मेरा एआई फिल्टर इस शोर को काट देता है और मुझे सिर्फ वह 'सिग्नल' देता है जो मेरे बिज़नेस की तरक्की के लिए ज़रूरी है। यह मुझे

बताता है कि "कोच, यहाँ सुधार की ज़रूरत है" या "यह प्रोडक्ट लोगों को बहुत पसंद आ रहा है।"

असली फीडबैक पर त्वरित वार: एआई मुझे यह ताक़त देता है कि मैं हज़ारों लोगों की प्रतिक्रियाओं को कुछ ही सेकंड्स में समझ सकूँ। अगर VARDANTA के किसी प्रोडक्ट में कोई कमी है, तो मुझे इंतज़ार नहीं करना पड़ता। एआई मुझे तुरंत अलर्ट करता है। इससे मैं अपनी 'गलती' को 'अवसर' में बदल देता हूँ। याद रखिये, जो अपनी कमियों को सबसे तेज़ी से सुधारता है, वही रेस में सबसे आगे रहता है।

भावनाओं का विश्लेषण (Sentiment Analysis): मेरा एआई सिस्टम सिर्फ़ शब्द नहीं पढ़ता, वह लोगों की 'भावनाएं' पढ़ता है। क्या लोग खुश हैं? क्या वे गुस्से में हैं? क्या वे उलझन में हैं? जब मुझे यह पता चल जाता है कि मेरे पाठक कैसा महसूस कर रहे हैं, तो मैं अपना अगला संदेश उसी हिसाब से तैयार करता हूँ। यह मुझे उनके और करीब लाता है और हमारे रिश्ते को और मज़बूत बनाता है।

भविष्य के सुधारों का ऑटोमेशन: मैं आज जो सुधार करता हूँ, मेरा एआई सिस्टम उसे रिकॉर्ड कर लेता है। अगली बार वही समस्या आने से पहले ही वह उसे सुलझा देता है। इसे कहते हैं— Self-Improving System। मैंने एक ऐसी मशीन खड़ी कर दी है जो हर दिन अपने आप को पिछले दिन से बेहतर बनाती है। यही वह राज़ है जिससे मैं और मेरी कंपनी SAHAYT कभी पीछे मुड़कर नहीं देखते।

PM COACH का विजय मंत्र

"दुनिया की हर आवाज़ को सुनना ज़रूरी नहीं है, लेकिन हर 'काम की आवाज़' को अनसुना करना गुनाह है। एआई को अपनी कान और आँख बनाइये ताकि आप भीड़ में खो न जाएं, बल्कि भीड़ को रास्ता दिखा सकें!"

अध्याय 6.7: वैलिडेटेड डिसीजन मेकिंग: एआई सिमुलेशन से सफलता की जाँच

(थीम: किसी भी नए आइडिया को लॉन्च करने से पहले एआई के ज़रिए उसकी सफलता की संभावना जाँचना।)

अंधेरे में तीर चलाना बंद: बालेश्वर की गलियों में जब मैं कोई नया रूट चुनता था, तो वह सिर्फ एक जुआ होता था। कभी सवारी मिलती, कभी पेट्रोल बर्बाद होता। लेकिन SAHAYT के मिशन में मैं आपको जुआ खेलने की सलाह नहीं दूँगा। 'वैलिडेटेड डिसीजन मेकिंग' का मतलब है कि अपने आईडिया को बाज़ार में उतारने से पहले उसे एआई के 'सिमुलेशन' (Simulation) से गुज़ारना। एआई आपको बता सकता है कि आपका आईडिया 10 million लोगों तक पहुँचेगा या बीच में ही दम तोड़ देगा।

एआई सिमुलेशन—भविष्य का आईना: जब मेरे दिमाग में VARDANTA का कोई नया प्रोडक्ट आता है, तो मैं सीधे फैक्ट्री नहीं जाता। मैं उस आईडिया को एआई को सौंपता हूँ और उसे 'मार्केट' की तरह व्यवहार करने को कहता हूँ। मैं उससे पूछता हूँ, "अगर मंदी आई, तो क्या लोग इसे खरीदेंगे?" या "कॉम्पिटिशन बढ़ने पर इस आईडिया का क्या होगा?" यह मुझे वह कड़वा सच दिखा देता है जो शायद मेरे उत्साह के कारण मुझे नहीं दिख रहा था।

डेटा बनाम धारणा: हम अक्सर अपनी 'धारणाओं' (Assumptions) के गुलाम होते हैं। हमें लगता है कि हमारा आईडिया सबसे बेहतरीन है। एआई इस अहंकार को तोड़ता है। यह लाखों डेटा पॉइंट्स और बाज़ार के रुझानों को देखकर बताता है कि ग्राहक असल में क्या चाहता है। जब आपका फैसला 'वैलिडेटेड' होता है, तो आपके अंदर वह आत्मविश्वास आता है जो एक विजेता की पहचान है।

जीत का ब्लूप्रिंट: एक बार जब एआई आपके आईडिया को हरी झंडी दे देता है, तो आपके पास सिर्फ़ एक आईडिया नहीं, बल्कि जीत का पूरा 'नक्शा' (Blueprint) होता है। आप जानते हैं कि कहाँ रुकना है और कहाँ रफ़्तार बढ़ानी है। यही वह तरीका है जिससे मैंने SAHAYT को एक सुरक्षित और मज़बूत नींव दी है। अब आपकी बारी है अपने हर आईडिया को एआई की इस लैब में टेस्ट करने की।

PM COACH का विजय मंत्र

"साहस का मतलब बिना सोचे कुएं में कूदना नहीं है, बल्कि गहराई नापकर छलांग लगाना है। एआई को अपना 'प्रूफ-रीडर' बनाइये। जो युद्ध मैदान में जाने से पहले उसे अपनी रणनीतियों से जीत लेता है, वही असली

'Path Maker' कहलाता है!"

अध्याय 6.8: एआई और क्रिएटिविटी का संगम: क्या एआई रचनात्मक हो सकता है?

(थीम: जानेंगे कि कैसे यह आपके 'आइडिया ब्लॉक' को तोड़कर नई दिशाएं देता है।)

कला और गणित का मेल: लोग कहते हैं कि एआई में भावनाएं नहीं हैं, वह कविता कैसे लिख सकता है या डिजाइन कैसे बना सकता है? मैं कहता हूँ, एआई के पास करोड़ों इंसानों की रचनात्मकता का डेटा है। जब मैं SAHAYT के लिए कोई नया पोस्टर या स्लोगन सोचता हूँ, तो एआई मुझे वह 'कॉम्बिनेशन' दिखाता है जो शायद मेरे अकेले के दिमाग में कभी नहीं आते। यह आपकी कल्पना को वह पंख देता है जो सिर्फ 'गणित' (Algorithms) की शक्ति से ही संभव हैं।

कचरे से कंचन बनाने की कला: रचनात्मकता का मतलब सिर्फ नया सोचना नहीं है, बल्कि पुराने को नए तरीके से पेश करना भी है। मेरे पास हजारों पुराने अनुभव हैं। मैं एआई को कहता हूँ, "मेरे इस पुराने अनुभव को आज के सोशल मीडिया के हिसाब से मज़ेदार बनाओ।" और वह उसे एक ऐसी धार देता है कि लोग उसे पढ़ने पर मजबूर हो जाते हैं। एआई आपके कच्चे विचारों को तराशकर उन्हें 'हीरा' बनाने वाला जौहरी है।

असीमित प्रयोग (Infinite Iterations): एक कलाकार एक दिन में 2 पेंटिंग बना सकता है, लेकिन एआई एक मिनट में आपको 200 विकल्प दे सकता है। रचनात्मकता में 'विकल्प' (Options) ही असली ताकत है। जब आपके पास चुनने के लिए बहुत कुछ होता है, तो आप सबसे बेहतरीन 'मास्टरपीस' चुन पाते हैं। मैंने VARDANTA के नाम से लेकर SAHAYT के अभियानों तक, एआई की इसी 'असीमित रचनात्मकता' का इस्तेमाल किया है।

इंसानी स्पर्श (The Human Touch): याद रखिये, एआई रंग और ब्रश दे सकता है, लेकिन पेंटिंग में जान सिर्फ 'आप' फूँकते हैं। मैं एआई के बनाए हुए क्रिएटिव्स को लेता हूँ और उसमें अपना वह 'बालेश्वर वाला

अनुभव' और 'Path Maker' वाला जोश मिलाता हूँ। जब मशीनी परफेक्शन और इंसानी जुनून मिलता है, तब वह जादू पैदा होता है जो 10 million लोगों के दिलों तक पहुँचता है।

PM COACH का विजय मंत्र

"एआई आपकी जगह नहीं लेगा, लेकिन एआई का इस्तेमाल करने वाला इंसान आपकी जगह ज़रूर ले लेगा। अपनी कल्पना को मशीनी रफ़्तार दीजिये। जो 'आइडिया' के लिए दूसरों का मुँह नहीं ताकते, वही दुनिया के नए 'क्रिएटर' बनते हैं!"

अध्याय 6.9: प्राइवेसी और सुरक्षा का एल्गोरिदम: अपने डिजिटल साम्राज्य की किलेबंदी

(थीम: अपने एसेट्स और डेटा को सुरक्षित रखते हुए एआई की शक्ति का उपयोग करने की रणनीतियाँ।)

एआई—आपका वफ़ादार पहरेदार: जिस तरह एआई आपको पैसे कमाने में मदद करता है, उसी तरह यह आपके 'डिजिटल गेट' पर तैनात एक सिपाही भी है। मैं एआई का इस्तेमाल यह देखने के लिए करता हूँ कि कहीं कोई मेरे डेटा के साथ छेड़छाड़ तो नहीं कर रहा। यह 'एनामली डिटेक्शन' (Anomaly Detection) के ज़रिये किसी भी संदिग्ध गतिविधि को पकड़ने में माहिर है। अपनी सुरक्षा को 'ऑटोमेट' कीजिये ताकि आप चैन की नींद सो सकें।

बौद्धिक संपदा (IP) की सुरक्षा: आपकी रणनीति, आपके कोर्सेज और आपके आइडियाज़—यही आपकी असली दौलत है। मैं एआई को निर्देश देता हूँ कि वह मेरे कंटेंट को सुरक्षित रखे और उसे चोरी होने से बचाए। 'वाटरमार्किंग' से लेकर 'एक्सेस कंट्रोल' तक, एआई सुनिश्चित करता है कि P M COACH का ज्ञान सिर्फ़ उन्हीं तक पहुँचे जो इसके हक़दार हैं।

डेटा शेयरिंग का अनुशासन: एआई से काम करवाते समय हम अक्सर बहुत सी जानकारी उसे दे देते हैं। यहाँ आपको 'चालाक' बनना होगा। मैं एआई को वह सब कुछ बताता हूँ जो उसे काम करने के लिए चाहिए, लेकिन अपनी

'कोर स्ट्रैटेजी' और 'पर्सनल डेटा' को हमेशा एन्क्रिप्टेड (Encrypted) रखता हूँ। याद रखिये, तकनीक का इस्तेमाल कीजिये, लेकिन उसे अपना 'मास्टर की' (Master Key) मत सौंपिये।

भविष्य की सुरक्षा (Cyber Resilience): हैकर्स भी एआई का इस्तेमाल कर रहे हैं, तो हमें उनसे दो कदम आगे रहना होगा। मैं अपने सिस्टम को हर हफ्ते एआई के ज़रिये 'स्ट्रेस टेस्ट' (Stress Test) करता हूँ। मैं खुद ही अपने सिस्टम में सेंध लगाने की कोशिश करता हूँ (एआई की मदद से) ताकि कमज़ोरियाँ पता चल सकें। जो अपने किले की दीवारें मज़बूत रखता है, वही लम्बे समय तक हुकूमत करता है।

PM COACH का विजय मंत्र

"कमाई करना बड़ी बात नहीं है, उसे बचाकर रखना और सुरक्षित रखना असली उस्तादी है। अपनी 'डिजिटल पूंजी' को लावारिस मत छोड़िये। एआई को अपना ढाल (Shield) बनाइये, क्योंकि एक छोटा सा सुराख भी बड़े से बड़े जहाज़ को डुबो सकता है!"

अध्याय 6.10: भविष्य की तैयारी (Future-Proofing): 2035 के मिशन की ओर

(थीम: कैसे एआई आपको हमेशा तकनीक की दौड़ में सबसे आगे (Cutting Edge) रखेगा।)

समय से आगे की सोच: दुनिया आज का सोच रही है, लेकिन एक Path Maker हमेशा 10 साल आगे की सोचता है। मेरा लक्ष्य 2035 तक 10 million लोगों को आर्थिक आज़ादी दिलाना है। यह बिना एआई के संभव नहीं है। एआई मुझे वह 'फ्यूचरिस्टिक विज़न' देता है जिससे मैं आज ही उन बदलावों को देख लेता हूँ जो आने वाले 5-10 सालों में व्यापार की दुनिया को बदलने वाले हैं। भविष्य उनका नहीं है जो तेज़ दौड़ते हैं, भविष्य उनका है जो पहले से वहाँ खड़े होकर इंतज़ार कर रहे हैं।

तकनीक की रफ़्तार से तालमेल: तकनीक हर 6 महीने में बदल रही है। अगर आप पुरानी पद्धति से चिपके रहे, तो आप इतिहास बन जाएंगे।

मैं एआई का इस्तेमाल खुद को 'अप-टू-डेट' रखने के लिए करता हूँ। मेरा सिस्टम मुझे खुद बताता है कि कौन सी नई तकनीक आने वाली है और हमें SAHAYT में उसे कैसे लागू करना है। आपको तकनीक का पीछा नहीं करना है, आपको तकनीक के कंधे पर चढ़कर शिकार करना है।

अजेय स्केलिंग (Exponential Growth): साधारण व्यापार 'प्लस' (+) में बढ़ते हैं, लेकिन एआई से चलने वाले व्यापार 'मल्टीप्लाई' (×) होते हैं। 2035 का मेरा विज़न तभी पूरा होगा जब हमारा सिस्टम खुद-ब-खुद बढ़ना (Auto-Scale) शुरू कर देगा। एआई वह इंजन है जो बिना रुके, बिना थके हमारे मिशन को गाँव-गाँव, शहर-शहर पहुँचाएगा। यह सिर्फ़ एक बिज़नेस नहीं, यह एक 'डिजिटल क्रांति' है जो समय के साथ और भी ताकतवर होती जाएगी।

बदलाव के प्रति अनुकूलता (Adaptability): याद रखिये, सबसे ताक़तवर वह नहीं है जो सबसे बड़ा है, बल्कि वह है जो सबसे जल्दी बदल सकता है। एआई मुझे वह 'लचीलापन' देता है। अगर कल बाज़ार की दिशा बदलती है, तो मेरा एआई सिस्टम मुझे तुरंत नई रणनीति तैयार करके देता है। 2035 तक पहुँचने के रास्ते में कई बाधाएं आएंगी, पर हमारे पास हर बाधा को पार करने का 'डिजिटल फॉर्मूला' पहले से तैयार होगा।

PM COACH का विजय मंत्र

"भविष्य डरावना नहीं है, अगर आपके हाथ में 'ज्ञान' और 'एआई' की मशाल है। 2035 का लक्ष्य बड़ा ज़रूर है, लेकिन हमारी तकनीक की रफ़्तार उससे भी बड़ी है। आने वाले कल को अपना गुलाम बनाइये, क्योंकि इतिहास उन्हीं का होता है जो उसे खुद लिखते हैं!"

अध्याय 7

बोरिंग पावर: उबाऊ आदतों का जादुई विज्ञान

(थीम: कीस्टोन हैबिट्स और अनुशासन के माध्यम से सिस्टम को जीवित रखना)

अध्याय 7.1: कीस्टोन हैबिट्स (Keystone Habits) का विन्यास

(थीम: उन 20% आदतों की पहचान करना जो आपके जीवन के बाकी 80% परिणामों को नियंत्रित करती हैं।)

सब कुछ ज़रूरी नहीं है: जब मैं ऑटो चलाता था, तो मुझे पता था कि अगर इंजन की ट्यूनिंग और टायरों की हवा सही है, तो बाकी छोटी-मोटी आवाज़ों से फर्क नहीं पड़ता। जीवन और बिजनेस में भी हज़ारों काम हैं, लेकिन आपकी सफलता सिर्फ 2-3 मुख्य आदतों पर टिकी होती है। इन्हें ही 'कीस्टोन हैबिट्स' कहते हैं। अगर आप इन 20% आदतों को संभाल लेते हैं, तो बाकी 80% काम अपने आप लाइन पर आ जाते हैं।

डोमिनो इफेक्ट (Domino Effect): कीस्टोन हैबिट वह पहली ईंट है जिसे गिराने पर बाकी सारी ईंटें अपने आप गिरने लगती हैं। उदाहरण के लिए, अगर आप रोज़ सुबह 1 घंटा एआई और अपनी रणनीतियों पर काम करने की आदत डाल लें, तो आपकी निर्णय लेने की क्षमता, आपका कंटेंट और आपका आत्मविश्वास—सब कुछ एक साथ सुधर जाएगा। यह एक ऐसी आदत है जो पूरे SAHAYT के इकोसिस्टम को ऊर्जा देती है।

अनुशासन की नींव: लोग सोचते हैं कि अनुशासन का मतलब हर चीज़ को कंट्रोल करना है। मैं कहता हूँ—नहीं! अनुशासन का मतलब सिर्फ अपनी 'कीस्टोन हैबिट्स' को सुरक्षित रखना है। जब मैंने अपनी सुबह की दिनचर्या और डेटा देखने की आदत को पक्का किया, तो मुझे बाकी दिन के लिए 'विलपॉवर' (इच्छाशक्ति) खर्च करने की ज़रूरत नहीं पड़ी। एक सही आदत आपकी हज़ारों मुश्किलों का अकेला समाधान है।

पहचान और विन्यास (Configuration): आपको पहचानना होगा कि आपके लिए वह 'जादुई आदत' कौन सी है। क्या वह रोज़ाना 5 नए लोगों से संपर्क करना है? या अपनी टीम के साथ 10 मिनट की 'SOP' चर्चा? एक बार जब आप इसे पहचान लेते हैं, तो इसे अपने कैलेंडर में पत्थर की लकीर बना दीजिये। VAIKAS मॉडल भी तभी काम करता है जब आपकी 'इनपुट' देने की आदत स्थिर (Consistent) हो।

PM COACH का विजय मंत्र

"समंदर को चम्मच से खाली करने की कोशिश मत कीजिये। सिर्फ उन चंद आदतों को पकड़िये जो लहरों का रुख मोड़ सकें। जो 'कीस्टोन' को संभाल लेता है, उसे पूरा साम्राज्य संभालने की ज़रूरत नहीं पड़ती—साम्राज्य खुद संभल जाता है!"

अध्याय 7.2: घर्षण (Friction) को खत्म करना: आदतों का शॉर्टकट

(थीम: अच्छी आदतों को इतना आसान बनाना कि उन्हें 'न करना' मुश्किल हो जाए और बुरी आदतों के रास्ते में बाधाएँ खड़ी करना।)

रास्ते का पत्थर हटाओ: ऑटो चलाते वक्त अगर सड़क पर गड्ढा होता था, तो रफ़्तार अपने आप कम हो जाती थी। इसे ही 'घर्षण' (Friction) कहते हैं। अगर आपको सुबह कसरत करनी है और आपके जूते अलमारी के पीछे छिपे हैं, तो आप कभी नहीं करेंगे। मैंने सीखा है कि अगर किसी अच्छी आदत को अपनी ज़िंदगी का हिस्सा बनाना है, तो उसके रास्ते के सारे गड्ढे भर दो। अपनी 'कीस्टोन हैबिट्स' को इतना आसान बना दो कि उन्हें करने के लिए सोचना भी न पड़े।

तैयारी ही जीत है: मैं अपनी 'VAIKAS' एजेंसी और SAHAYT के मिशन के लिए रात को ही तय कर लेता हूँ कि सुबह कौन सा कमांड देना है। सुबह उठकर मुझे यह नहीं सोचना पड़ता कि "आज क्या करूँ?"—मेरा सिस्टम पहले से तैयार खड़ा होता है। जब आप अपनी अच्छी आदतों के लिए 'सेटअप' पहले से तैयार रखते हैं, तो आपका दिमाग आलस नहीं कर पाता। तैयारी, घर्षण को शून्य कर देती है।

2 मिनट का जादुई नियम: किसी भी बड़े काम को शुरू करने का घर्षण सबसे ज़्यादा होता है। मैं कहता हूँ, सिर्फ 2 मिनट के लिए वह काम शुरू करो। अगर किताब पढ़नी है, तो सिर्फ एक पेज का लक्ष्य रखो। जब आप शुरू कर देते हैं, तो 'जड़ता' (Inertia) खत्म हो जाती है और गति (Momentum) बन जाती है। एक बार पहिया घूम गया, तो फिर उसे रोकना मुश्किल है।

वातावरण का इंजीनियरिंग: आप अपने आसपास की चीज़ों के गुलाम हैं। अगर आपकी मेज़ पर फालतू का सामान बिखरा है, तो आपका दिमाग भी बिखरा रहेगा। मैंने अपने ऑफिस और अपने डिजिटल टूल्स को इस तरह से सजाया है कि वे मुझे मेरी मंज़िल की याद दिलाते हैं। जब माहौल साथ देता है, तो अनुशासन उबाऊ नहीं, बल्कि 'ऑटोमैटिक' हो जाता है।

PM COACH का विजय मंत्र

"ताकत का इस्तेमाल 'काम' करने में नहीं, बल्कि 'रास्ता' आसान बनाने में कीजिये। जो घर्षण को मैनेज करना सीख गया, उसे अनुशासन के लिए कभी संघर्ष नहीं करना पड़ेगा। आसान रास्ते ही लम्बी दूरी तय करवाते हैं!"

अध्याय 7.3: चेकलिस्ट का अनुशासन: गलतियों की गुंजाइश 'शून्य'

(थीम: विमान के पायलट की तरह हर काम के लिए 'चेकलिस्ट' का उपयोग—गलतियों की गुंजाइश को खत्म करना।)

पायलट माइंडसेट—सड़क से आसमान तक: जब मैं ऑटो लेकर निकलता था, तो अनजाने में ही सही, मेरी एक चेकलिस्ट थी—तेल है? टायर में हवा है? क्लच सही है? अगर एक भी चीज़ छूटती, तो सवारी रास्ते में उतर जाती और नुकसान मेरा होता। SAHAYT में जब मैं 10 million लोगों की ज़िम्मेदारी लेता हूँ, तो मैं 'याददाश्त' पर भरोसा नहीं करता। एक 'Path Maker' अपनी याददाश्त पर नहीं, अपने सिस्टम पर भरोसा करता है। जो काम बार-बार करना है, उसे दिमाग में नहीं, 'चेकलिस्ट' में रखिये।

फैसलों की थकान से आज़ादी: बार-बार एक ही चीज़ सोचना कि "क्या मैंने यह कर लिया?" आपके दिमाग की बैटरी को चूस लेता है। चेकलिस्ट आपके दिमाग को 'आज़ाद' करती है। जब आपके पास एक लिखित सूची होती है, तो आप अपनी ऊर्जा 'क्या करना है' में नहीं, बल्कि 'कैसे बेहतर करना है' में लगाते हैं। यह वह 'बोरिंग' कागज का टुकड़ा है जो आपको महान कार्यों के लिए मानसिक स्पेस देता है।

दोहराव की शक्ति (The Power of Replication): अगर मुझे AYUFERRY जैसा उत्पाद या VARDANTA DHARA जैसा अभियान गाँव-गाँव पहुँचाना है, तो मुझे उसे 'कॉपी' करना होगा। बिना चेकलिस्ट के, आप अपने काम को दूसरों से नहीं करवा सकते। जब आपकी प्रक्रिया एक चेकलिस्ट में बदल जाती है, तो उसे कोई भी फॉलो कर सकता है। यही वह तरीका है जिससे आप खुद को अपने बिज़नस से आज़ाद करके उसे 'स्केल' कर सकते हैं।

इंसानी अहंकार बनाम मशीनी शुद्धता: चेकलिस्ट आपको विनम्र बनाती है। यह आपको याद दिलाती है कि आप इंसान हैं और आपसे गलती हो सकती है। जब मैं अपने सिस्टम को चेकलिस्ट के साथ 'ऑटो-पायलट' पर डालता हूँ, तो मुझे पता होता है कि रिज़ल्ट वही आएगा जो मैंने चाहा है। 2035 के मिशन तक पहुँचने के लिए हमें 'इत्तेफाक' से नहीं, 'इंजीनियरिंग' से जीतना होगा।

PM COACH का विजय मंत्र

"दिमाग को 'विचार' पैदा करने के लिए रखिये, 'सूचियाँ' याद रखने के लिए नहीं। जो एक पायलट की तरह अपनी चेकलिस्ट का सम्मान करता है, उसका बिज़नस कभी क्रैश नहीं होता। अनुशासन का असली मतलब है—हर बार वही सही काम करना, चाहे मन हो या न हो!"

अध्याय 7.4: 1% सुधार का संचयी प्रभाव (Compound Effect): गणितीय चमत्कार

(थीम: हर दिन अपने सिस्टम में केवल 1% सुधार करने का गणित—एक साल में 37 गुना की वृद्धि।)

रातों-रात सफलता एक झूठ है: जब मैं सड़क पर ऑटो चलाता था, तो मुझे पता था कि अगर मुझे 100 किलोमीटर दूर जाना है, तो मुझे हर सेकंड टायर को घुमाना होगा। आप एक छलांग में मंज़िल तक नहीं पहुँच सकते। लोग एक दिन जोश में आते हैं और 18 घंटे काम करते हैं, फिर अगले चार दिन सो जाते हैं। यह तरीका आपको कहीं नहीं ले जाएगा। SAHAYT का साम्राज्य

एक दिन में खड़ा नहीं हुआ; यह हर दिन की उस 1% की एक्स्ट्रा मेहनत का नतीजा है जिसे दुनिया देख नहीं पाती थी।

कंपाउंडिंग की ताक़त (The Power of 37x): गणित को ध्यान से समझिये—अगर आप हर दिन खुद को या अपने सिस्टम को सिर्फ 1% बेहतर बनाते हैं, तो एक साल (365 दिन) के अंत में आप 37 गुना (37.78) बेहतर बन चुके होंगे। 1.01^{365} = 37.78। यह कोई किताबी ज्ञान नहीं, यह ब्रह्मांड का नियम है। लेकिन अगर आप हर दिन 1% बदतर होते हैं, तो आप लगभग शून्य पर पहुँच जाएंगे। फैसला आपका है—आपको 37 गुना ऊपर जाना है या शून्य की गर्त में।

सिस्टम की ट्यूनिंग (System Tuning): मैं अपने VAIKAS मॉडल या AYUFERY की मार्केटिंग में हर दिन कोई बड़ा बदलाव नहीं करता। मैं सिर्फ एक हेडलाइन बदलता हूँ, एक कमांड को थोड़ा और सटीक करता हूँ, या एक ग्राहक से बात करने का तरीका सुधारता हूँ। यह छोटा सा सुधार उस दिन तो कुछ नहीं लगता, लेकिन महीने के अंत में यह एक विशाल 'प्रतिस्पर्धी बढ़त' (Competitive Edge) बन जाता है। छोटे सुधार ही बड़े परिणामों के बाप होते हैं।

अदृश्य प्रगति (Invisible Progress): पानी जब 99°C पर होता है, तो वह सिर्फ गर्म पानी है, लेकिन जैसे ही वह 1% और बढ़कर 100°C पर पहुँचता है, वह भाप बन जाता है और रेल के इंजन खींच सकता है। आपकी मेहनत भी कई बार रंग नहीं दिखाएगी, लेकिन इसका मतलब यह नहीं कि सुधार नहीं हो रहा। वह 1% अंदर ही अंदर जमा (Accumulate) हो रहा है। जिस दिन यह 'क्रिटिकल मास' तक पहुँचेगा, दुनिया आपको 'ओवरनाइट सक्सेस' कहेगी।

PM COACH का विजय मंत्र

"विशाल पहाड़ चढ़ने के लिए हनुमान कूद की ज़रूरत नहीं है, बस छोटे-छोटे मज़बूत कदमों की ज़रूरत है। हर दिन 1% बेहतर बनिए। अगर आप आज कल से थोड़े भी बेहतर नहीं हैं, तो आप पीछे जा रहे हैं। याद रखिये, छोटे सुधारों का जोड़ ही महानता कहलाता है!"

अध्याय 7.5: भावनात्मक अलगाव (Emotional Detachment): भावनाओं और कमांड का बँटवारा

(थीम: मूड कैसा भी हो, काम करना ही है—भावनाओं को अपने मिशन से अलग करने की कला।)

मूड एक धोखा है: दुनिया का सबसे बड़ा झूठ यह है कि "जब मूड होगा तब काम करूँगा।" मूड एक आवारा बादल की तरह है जो कभी भी आ सकता है और कभी भी जा सकता है। अगर मैं मूड के भरोसे बैठता, तो आज SAHAYT का विज़न सिर्फ़ कागज़ पर होता। एक 'Path Maker' अपनी भावनाओं का गुलाम नहीं, बल्कि अपने 'सिस्टम' का मालिक होता है। जब घड़ी में काम का वक्त होता है, तो भावनाएं ख़ामोश हो जानी चाहिए।

कमांड और फीलिंग्स का फिल्टर: मेरी VAIKAS एजेंसी में जब मैं एआई को प्रॉम्प्ट देता हूँ, तो क्या मैं यह सोचता हूँ कि आज मैं दुखी हूँ या खुश? नहीं! मैं सिर्फ़ 'इनपुट' पर ध्यान देता हूँ। अपनी ज़िंदगी को भी इसी फिल्टर से गुज़ारिये। आपका डर, आपका आलस, या आपकी अत्यधिक खुशी—ये सब आपके फैसले को धुंधला कर सकते हैं। अपनी भावनाओं को एक कमरे में बंद कीजिये और सिर्फ़ अपने 'लिखित लक्ष्य' (Checklist) को देखिये।

दुख में भी रफ़्तार: जीवन में झटके लगेंगे, लोग छोड़कर जाएंगे, दिल टूटेगा—यह सब मानव जीवन का हिस्सा है। लेकिन VARDANTA DHARA का मिशन उन लोगों के इंतज़ार में नहीं रुक सकता। भावनात्मक अलगाव का मतलब पत्थर दिल होना नहीं है, इसका मतलब है कि आप इतने मज़बूत हैं कि आपकी निजी भावनाएं आपके सार्वजनिक कर्तव्यों (Duty) के आड़े नहीं आतीं। काम ही आपकी सबसे बड़ी दवा बन जाना चाहिए।

जीत का एल्गोरिदम: जब आप भावनाओं को काम से अलग कर देते हैं, तो आप 'अजेय' (Invincible) हो जाते हैं। फिर आपको कोई हरा नहीं सकता क्योंकि आपकी रफ़्तार किसी बाहरी परिस्थिति पर निर्भर नहीं है। आप एक ऐसी मशीन बन जाते हैं जिसका ईंधन 'मूड' नहीं, बल्कि उसका 'मकसद' है। 2035 का मिशन उन कंधों पर टिका है जो भारी मन के साथ भी मज़बूती से खड़े रह सकते हैं।

PM COACH का विजय मंत्र

"अपनी भावनाओं को सलाह देने की अनुमति दीजिये, लेकिन फैसला लेने की नहीं। जो मूड के हिसाब से चलता है वह मज़दूर बनता है, और जो मकसद के हिसाब से चलता है वह 'Path Maker' बनता है। भावनाओं को पॉकेट में रखिये और कमांड पर फोकस कीजिये!"

अध्याय 7.6: 'SOP' (Standard Operating Procedure) का निर्माण: सफलता की रेसिपी

(थीम: हर सफल कार्य को एक लिखित प्रक्रिया में बदलना ताकि उसे बार-बार दोहराया जा सके।)

दिमाग से आज़ादी, सिस्टम की गुलामी: लोग अपनी सफलता को अपने दिमाग में कैद करके रखते हैं, और यही उनकी सबसे बड़ी जेल है। 'SOP' का मतलब है—वह तरीका जिसे पढ़कर कोई भी इंसान (या एआई) वही रिज़ल्ट निकाल सके जो आप निकालते हैं। जब मैंने VARDANTA के ऑपरेशन्स के लिए लिखित नियम बनाए, तो मेरा दिमाग 'क्या करना है' के बोझ से आज़ाद हो गया। याद रखिये, अगर आपका बिज़नेस आपके बिना नहीं चल सकता, तो आप मालिक नहीं, सबसे महंगे मज़दूर हैं।

गलती की कोई जगह नहीं: एक 'Path Maker' कभी भी 'तुक्के' पर काम नहीं करता। मेरी VAIKAS एजेंसी में हर काम की एक स्टेप-बाय-स्टेप गाइड है। एआई को कैसे कमांड देना है, डेटा कैसे फिल्टर करना है, और ग्राहक से कैसे बात करनी है—सब कुछ लिखित है। जब प्रक्रिया (Process) तय होती है, तो परिणाम (Result) अपने आप गारंटेड हो जाता है।

स्केलिंग का असली इंजन: अगर मुझे एक शहर से निकलकर पूरे भारत में AYUFERRY पहुँचाना है, तो मैं हर जगह खुद नहीं जा सकता। मुझे अपने काम का 'क्लोन' (Clone) तैयार करना होगा। SOP वह सांचा है जिसमें आप अपनी सफलता को ढालते हैं। जब आपके पास मज़बूत SOP होती है, तो आप एक नहीं, हज़ारों सेंटर चला सकते हैं। यही वह रास्ता है जो हमें 2035 के मिशन तक ले जाएगा।

अराजकता (Chaos) का अंत: बिना SOP के, हर दिन एक नई मुसीबत की तरह आता है। टीम बार-बार आपसे पूछती है कि "अब क्या करें?" SOP इस शोर को खत्म कर देती है। यह आपके संगठन में एक 'शांति' और 'स्पष्टता' लाती है। जब हर किसी को पता होता है कि उसे क्या करना है, तो आपकी रफ़्तार अपने आप 10x हो जाती है।

PM COACH का विजय मंत्र

"अपने काम को इतना आसान और लिखित बनाइये कि उसे एक मशीन भी चला सके। जो खुद को 'अपूरणीय' (Indispensable) बनाने की कोशिश करता है, वह कभी बड़ा नहीं हो पाता। सफल वही है जिसका सिस्टम उसकी गैर-मौजूदगी में भी दहाड़ता है!"

अध्याय 7.7: उबाऊ दिनचर्या का जश्न: रिपिटिशन (दोहराव) से प्यार करना

(थीम: क्यों सफलता के लिए आपको 'एंटरटेनमेंट' नहीं, बल्कि एक ही काम बार-बार करने से प्यार करना होगा।)

बोरियत ही महानता की कीमत है: दुनिया के सबसे बेहतरीन एथलीट या बिजनेसमैन को देखिये; वे हर दिन वही काम करते हैं जो वे पिछले 20 सालों से कर रहे हैं। SAHAYT का विज़न बड़ा है, लेकिन उसे पूरा करने का तरीका वही 'बोरिंग' है—हर दिन डेटा देखना, हर दिन कंटेंट प्लान करना, हर दिन सिस्टम चेक करना। जो इंसान 'बोरियत' को बर्दाश्त करना सीख जाता है, वही अंत में जीत का परचम लहराता है।

रोमांच की तलाश एक बीमारी है: बहुत से लोग इसलिए असफल होते हैं क्योंकि वे हर हफ्ते कुछ 'नया' और 'चटपटा' करना चाहते हैं। वे एक काम शुरू करते हैं, और जैसे ही वह उबाऊ होने लगता है, वे उसे छोड़कर दूसरे की तरफ भागते हैं। याद रखिये, जब काम उबाऊ लगने लगे, समझ जाइये कि आप 'मास्टरी' की तरफ बढ़ रहे हैं। VAIKAS मॉडल तभी फल देता है जब आप उसे बार-बार, बिना थके दोहराते हैं।

दोहराव का मनोविज्ञान: जब आप एक ही काम को बार-बार करते हैं, तो आपका दिमाग उसे 'सब-कॉन्शियस' (अचेतन मन) में डाल देता है। फिर वह काम आपसे बिना मेहनत के होने लगता है। आज मैं नींद में भी VARDANTA DHARA की रणनीति बना सकता हूँ क्योंकि मैंने इसे हज़ारों बार दोहराया है। पुनरावृत्ति (Repetition) ही आपकी बुद्धि को धार देती है।

एंटरटेनमेंट बनाम एग्जीक्यूशन: जो लोग काम में मज़ा (Entertainment) ढूंढते हैं, वे मज़दूर रह जाते हैं। जो काम में परिणाम (Execution) ढूंढते हैं, वे मालिक बनते हैं। मेरी दिनचर्या फिक्स्ड है। उसमें कोई बड़ा ड्रामा नहीं है, सिर्फ काम है। और वही 'बोरिंग' काम मुझे वह आज़ादी देता है जिसका सपना दुनिया देखती है। बोरियत से मत डरिए, इसे अपना सबसे बड़ा हथियार बनाइये।

PM COACH का विजय मंत्र

"कामयाबी का रास्ता सर्कस जैसा रोमांचक नहीं, बल्कि मठ के अनुशासन जैसा उबाऊ होता है। अगर आप वही काम बार-बार करने का दम रखते हैं जिसे बाकी लोग छोड़ चुके हैं, तो आप वह हासिल करेंगे जो बाकी लोग कभी नहीं कर पाएंगे। अपनी बोरियत को अपनी ताकत बनाइये!"

अध्याय 7.8: विलपॉवर का विकल्प: पर्यावरण डिजाइन

(थीम: अपने आसपास के माहौल को ऐसा बनाना कि वह आपकी आदतों को अपने आप सहारा दे।)

इच्छाशक्ति (Willpower) एक धोखा है: लोग समझते हैं कि नियमित रहने के लिए बहुत बड़ी इच्छाशक्ति चाहिए। सच तो यह है कि इच्छाशक्ति एक मोबाइल की बैटरी की तरह है, जो दिन खत्म होते-होते लो (Low) हो जाती है। बालेश्वर में जब मुझे सुबह जल्दी ऑटो निकालना होता था, तो मैं अपनी चाबी और कपड़े रात को ही सीट पर रख देता था। मैंने इच्छाशक्ति पर भरोसा नहीं किया, मैंने 'सेटअप' पर भरोसा किया। अगर आपका माहौल आपके खिलाफ है, तो दुनिया का बड़े से बड़ा अनुशासन हार जाएगा।

आसपास का 'माहौल' ही असली मालिक है: आप वही बनते हैं जो आपके चारों तरफ होता है। अगर आपकी टेबल पर जंक फूड रखा है, तो आप उसे खाएंगे ही, चाहे आप कितने भी 'Path Maker' क्यों न हों। मैंने अपना डिजिटल और फिजिकल वर्कस्पेस इस तरह डिजाइन किया है कि काम करना 'मजबूरी' नहीं, बल्कि सबसे 'आसान' रास्ता बन जाता है। अपने माहौल को ऐसा बनाइये कि वह आपको सही दिशा में खुद-ब-खुद धक्का दे।

अदृश्य ढांचा (Invisible Architecture): एक कामयाब इंसान वह नहीं जो लालच से लड़ता है, बल्कि वह है जो लालच को सामने ही नहीं आने देता। मैं अपनी VAIKAS एजेंसी की प्लानिंग के वक्त अपना फोन दूसरे कमरे में रख देता हूँ। यह इच्छाशक्ति नहीं है, यह 'एनवायरमेंट डिजाइन' है। जब रुकावट सामने नहीं होगी, तो रास्ता अपने आप साफ़ हो जाएगा। अपनी कमज़ोरी को विलपॉवर से नहीं, आर्किटेक्चर (ढांचे) से हराइये।

ज़िंदा सिस्टम का निर्माण: आपका माहौल सिर्फ़ दीवारें नहीं हैं, बल्कि वे लोग और वे सॉफ्टवेयर भी हैं जो आपके साथ हैं। मैंने अपने एआई टूल्स को इस तरह सेट किया है कि वे मुझे नए आइडियाज़ के लिए 'ट्रिगर' करते रहते हैं। जब आपका माहौल ही आपका 'कोच' बन जाए, तो आपको मेहनत नहीं करनी पड़ती, आपका विकास 'ऑटो-पायलट' पर चला जाता है। यही वह गुप्त शक्ति है जो बड़े-बड़े साम्राज्यों को गिरने से बचाती है।

PM COACH का विजय मंत्र

"अनुशासन के लिए 'लड़ना' बंद कीजिये और 'डिजाइन' करना शुरू कीजिये। जो अपने माहौल को अपना गुलाम बना लेता है, उसे खुद का गुलाम बनने की ज़रूरत नहीं पड़ती। आपका वर्कस्पेस आपका सबसे बड़ा दोस्त या सबसे बड़ा दुश्मन हो सकता है—चुनिए कि आप किसे अपने साथ रखना चाहते हैं!

अध्याय 7.9: प्रोग्रेस ट्रैकिंग और विजुअल रिवॉर्ड: जीत का दृश्य प्रमाण

(थीम: अपनी जीत को कैलेंडर पर देखना— 'चेन ब्रेक अवॉइडेंस' की मनोवैज्ञानिक शक्ति।)

जो दिखता है, वही बिकता है और वही टिकता है: अगर आप अंधेरे में तीर चला रहे हैं, तो आप जल्दी थक जाएंगे। लेकिन अगर आपके सामने एक स्कोरबोर्ड लगा हो, तो आपकी रफ़्तार बढ़ जाती है। मैं अपने हर मिशन—चाहे वह SAHAYT का हो या VARDANTA का—उसकी प्रगति को एक विज़ुअल चार्ट पर ट्रैक करता हूँ। जब आप अपनी तरक्की को अपनी आँखों से देखते हैं, तो आपके दिमाग में 'डोपामाइन' (Dopamine) रिलीज़ होता है, जो आपको और बेहतर करने के लिए उकसाता है।

चेन ब्रेक अवॉइडेंस (Chain Break Avoidance): यह एक बहुत शक्तिशाली मनोवैज्ञानिक ट्रिक है। एक बड़ा कैलेंडर लीजिये और हर उस दिन पर 'X' का निशान लगाइये जिस दिन आपने अपनी कीस्टोन हैबिट पूरी की हो। कुछ दिनों बाद आपके सामने 'X' की एक लम्बी चेन बन जाएगी। अब आपका काम काम करना नहीं, बल्कि उस 'चेन को टूटने से बचाना' है। यह हार न मानने की ज़िद आपको उस दिन भी काम करने पर मजबूर कर देगी जिस दिन आपका मूड बिल्कुल नहीं होगा।

छोटा इनाम, बड़ी जीत: हम अक्सर बड़ी कामयाबी का इंतज़ार करते हैं और छोटी जीतों को भूल जाते हैं। मैं अपने सिस्टम में 'विज़ुअल रिवॉर्ड्स' रखता हूँ। जब मेरा एआई मॉडल एक कठिन टास्क पूरा करता है या मेरा VAIKAS प्रोजेक्ट एक पड़ाव पार करता है, तो मैं उसे सेलिब्रेट करता हूँ। यह जश्न आपको अगले बड़े लक्ष्य के लिए ईंधन देता है।

प्रोग्रेस ही असली नशा है: जब आप देखते हैं कि आप कल से बेहतर हुए हैं, तो वह एहसास दुनिया के किसी भी नशे से बढ़कर होता है। यही वह शक्ति है जिसने मुझे ऑटो की सीट से उठाकर यहाँ तक पहुँचाया है। अपनी जीत को रिकॉर्ड करना शुरू कीजिये, क्योंकि जिसे मापा नहीं जा सकता, उसे सुधारा भी नहीं जा सकता।

PM COACH का विजय मंत्र

"कैलेंडर पर लगा एक छोटा सा 'X' का निशान आपकी इच्छाशक्ति से कहीं ज़्यादा ताक़तवर होता है। अपनी जीत को कागज़ पर उतारिये। जो अपनी चेन को टूटने से बचा लेता है, वही एक दिन दुनिया की बेड़ियाँ तोड़ देता है। आज ही अपना स्कोरबोर्ड बनाइये!"

अध्याय 7.10: निरंतरता का एल्गोरिदम: मोटिवेशन के खत्म होने के बाद का सच

(थीम: मोटिवेशन के खत्म होने के बाद भी सिस्टम को 'ऑटो-पायलट' मोड पर कैसे चालू रखें।)

मोटिवेशन मेहमान है, अनुशासन मालिक: लोग अक्सर मुझसे पूछते हैं कि "कोच, आप हमेशा इतने मोटिवेटेड कैसे रहते हैं?" मेरा जवाब सीधा है—मैं नहीं रहता। बालेश्वर में ऑटो चलाते समय मेरा मोटिवेशन अक्सर पेट्रोल की बढ़ती कीमतों या खराब मौसम के साथ खत्म हो जाता था। तब जो चीज़ मुझे सड़क पर बनाए रखती थी, वह था मेरा 'सिस्टम'। याद रखिये, मोटिवेशन आपको 'शुरू' करता है, लेकिन 'निरंतरता' (Consistency) आपको मंज़िल तक पहुँचाती है।

ऑटो-पायलट का निर्माण: हवाई जहाज़ का पायलट उड़ान भरने के बाद सिस्टम को 'ऑटो-पायलट' पर डाल देता है। आपको भी अपनी आदतों के साथ यही करना है। जब एक काम आपकी दिनचर्या का हिस्सा बन जाता है, तो उसे करने के लिए दिमाग पर ज़ोर नहीं डालना पड़ता। VAIKAS और SAHAYT के मिशन में मैंने ऐसे 'एल्गोरिदम' बनाए हैं जो मेरी भावनाओं या ऊर्जा के स्तर पर निर्भर नहीं करते। वे बस चलते रहते हैं।

सिस्टम की वफ़ादारी: जब आप थक जाते हैं, तब आपका बनाया हुआ सिस्टम आपके लिए काम करता है। निरंतरता का मतलब यह नहीं है कि आप हर दिन 200% की रफ़्तार से दौड़ें। निरंतरता का मतलब है कि चाहे रफ़्तार कम हो, लेकिन पहिया कभी रुकना नहीं चाहिए। अगर आज आप 100 कमांड नहीं दे सकते, तो कम से कम 10 दीजिये, लेकिन 'शून्य' पर मत रुकिए।

पतन को रोकना (Fail-Safe): हर इंसान गिरता है, हर इंसान से गलती होती है। लेकिन एक 'Path Maker' गिरने के बाद दोबारा ट्रैक पर आने का समय (Recovery Time) कम कर देता है। मेरा एल्गोरिदम कहता है—"Never miss twice" (कभी भी लगातार दो बार मत चूकिए)। अगर एक दिन चेन टूट गई, तो अगले दिन उसे जोड़ना ही आपकी एकमात्र प्राथमिकता होनी चाहिए। यही वह मज़बूती है जो आपको भीड़ से अलग करती है।

PM COACH का विजय मंत्र

"सूरज रोज़ उगता है क्योंकि वह मोटिवेटेड नहीं है, बल्कि वह अपने 'सिस्टम' में बँधा हुआ है। खुद को एक ऐसा सूरज बनाइये जिसकी चमक किसी 'मूड' की मोहताज न हो। जो निरंतर है, वही सिकंदर है!"

अध्याय 8

नो-टच बिज़नेस: इंसानों से एल्गोरिदम की ओर

(थीम: पूर्ण स्वचालन के माध्यम से अपनी स्वतंत्रता सुनिश्चित करना)

अध्याय 8.1: मानवीय त्रुटि का अंत: एल्गोरिदम पर अटूट भरोसा

(थीम: क्यों 'इंसानों पर भरोसा' करना एक जोखिम है और 'एल्गोरिदम' पर भरोसा करना एक सुरक्षा है।)

इंसानी 'लिमिट' बनाम मेरी 'लिमिटलेस' सोच: जब मैं बालेश्वर की सड़कों पर ऑटो चलाता था, तो थकान मेरी सबसे बड़ी दुश्मन थी। शरीर जवाब दे देता था, एकाग्रता टूट जाती थी। लेकिन आज, जब मैं SAHAYT का साम्राज्य खड़ा कर रहा हूँ, तो मुझे यह पता है कि इंसान कितना भी काबिल क्यों न हो, वह कभी न कभी थकेगा या भावनाओं में बह जाएगा। एक 'Path Maker' के रूप में मैंने यह सिस्टम इसलिए बनाया है ताकि मेरी तरक्की किसी के 'मूड' पर नहीं, बल्कि 'कोड' पर टिकी हो।

भावना-मुक्त निर्णय (Emotionless Precision): इंसान जब डरा हुआ या बहुत खुश होता है, तो वह गलत फैसले लेता है। लेकिन मेरा एल्गोरिदम कभी नहीं घबराता। जब AYUFERY की सप्लाई चैन या VAIKAS की डेटा प्रोसेसिंग चलती है, तो वहाँ कोई 'डर' या 'आलस' नहीं होता। मैंने जो सिस्टम तैयार किया है, वह सिर्फ वही करता है जो उसके 'लॉजिक' में लिखा है। जहाँ भावनाएं खत्म होती हैं, वहीं से शुद्ध सटीकता शुरू होती है।

100% दोहराव की शक्ति (The Power of Replication): स्केल का मतलब है—एक ही काम को हज़ारों बार बिना एक इंच की चूक के करना। इंसान जब एक ही काम बार-बार करता है, तो उसका दिमाग सुन्न होने लगता है और गलती की संभावना बढ़ जाती है। लेकिन मेरा ऑटोमेशन मॉडल लाखों बार भी वही 'परफेक्ट' रिज़ल्ट देगा। यही वह चाबी है जिससे मैं 10 million लोगों तक अपनी सेवा को बिना किसी क्वालिटी गिरावट के पहुँचाऊँगा।

गणितीय सुरक्षा कवच: भरोसा करना अच्छी बात है, लेकिन उसे 'वेरीफाई' करना उस्तादी है। मैंने अपने पूरे व्यापार को गणित की उन दीवारों के पीछे सुरक्षित कर दिया है जहाँ 'गलती' के लिए कोई जगह नहीं है। एल्गोरिदम

पर मेरा अटूट भरोसा इसलिए है क्योंकि वह मेरे विज़न का सबसे अनुशासित सिपाही है। जब सिस्टम फौलादी होता है, तभी मैं बड़े सपनों की उड़ान भर सकता हूँ।

PM COACH का विजय मंत्र

"रिश्ते इंसानों से निभाइए, लेकिन रिज़ल्ट्स का जिम्मा एल्गोरिदम को सौंपिए। जो अपनी सफलता को 'इत्तेफाक' से हटाकर 'इंजिनियरिंग' पर डाल देता है, वही दुनिया में अपनी अलग पहचान बनाता है। याद रखिये, मशीन थमती नहीं और मेरा विज़न थकता नहीं!"

अध्याय 8.2: आर्किटेक्चर ऑफ ऑटोमेशन: डिजिटल पाइपलाइनों का जाल

(थीम: अपने व्यापार के हर विभाग को स्वतंत्र डिजिटल पाइपलाइनों में विभाजित करना।)

बिज़नेस का 'इंजन' डिजाइन करना: जैसे एक कार में फ्यूल सिस्टम, इलेक्ट्रिकल सिस्टम और ब्रेकिंग सिस्टम अलग-अलग होते हैं, वैसे ही मेरा बिज़नेस भी 'साइलोस' में बँटा है। सेल्स की पाइपलाइन अलग है, AYUFERY की सप्लाई चैन की पाइपलाइन अलग है और VAIKAS की डिलीवरी पाइपलाइन अलग। जब आप विभागों को इस तरह बाँट देते हैं, तो आप हर हिस्से को अलग से ऑटोमेट कर सकते हैं। गड़बड़ी ढूँढना और उसे ठीक करना फिर बच्चों का खेल बन जाता है।

बिना रुकावट का बहाव (The Frictionless Flow): पाइपलाइन का मतलब है कि काम एक सिरे से घुसे और दूसरे सिरे से 'फिनिश्ड प्रोडक्ट' बनकर निकले। ग्राहक विज्ञापन देखता है, क्लिक करता है, पेमेंट करता है और एक्सेस पाता है—इस पूरी प्रक्रिया में कहीं भी कोई 'मानवीय ट्रैफिक जाम' नहीं होना चाहिए। मैंने अपने सिस्टम को ऐसा बनाया है कि डेटा पानी की तरह बहता है। जहाँ रुकावट आती है, वहाँ मैं 'कोड' का प्लंबर लगाकर उसे साफ़ कर देता हूँ।

विभागों का डिजिटल एकीकरण: भले ही पाइपलाइनें अलग हों, लेकिन वे आपस में बात करती हैं। जब सेल्स पाइपलाइन में एक नया ग्राहक आता है, तो वह अपने आप सपोर्ट पाइपलाइन को सूचित कर देता है। यह 'इंटर-कनेक्टिविटी' ही मेरे बिज़नेस का दिमाग है। मुझे बीच में खड़े होकर चिल्लाने की ज़रूरत नहीं पड़ती कि "अरे, नया ऑर्डर आया है!" सिस्टम खुद जानता है कि उसे आगे क्या करना है।

निगरानी का कंट्रोल रूम: एक 'Path Maker' मज़दूरी नहीं करता, वह निगरानी करता है। मेरे पास हर पाइपलाइन का एक 'डैशबोर्ड' है। जैसे ऑटो के मीटर में तेल और रफ़्तार दिखती थी, वैसे ही मेरे मोबाइल पर सेल्स, लीड्स और ऑपरेशन्स की लाइव रिपोर्ट दिखती है। अगर कोई पाइपलाइन लाल निशान दिखाती है, तो मैं उसे तुरंत ठीक करता हूँ। बाकी समय, मैं सिर्फ सिस्टम को काम करते हुए देखता हूँ।

PM COACH का विजय मंत्र

"अपने बिज़नेस को 'इंसानों के झुंड' की तरह नहीं, बल्कि 'डिजिटल पाइपलाइनों' के जाल की तरह बनाइये। जब हर विभाग अपने आप में एक मशीन बन जाता है, तो आपको व्यापार चलाने की ज़रूरत नहीं पड़ती—व्यापार खुद आपको चलाता है। मज़दूर बनकर काम मत कीजिये, आर्किटेक्ट बनकर साम्राज्य बनाइये!"

अध्याय 8.3: 'नो-टच' सेल्स फनल: सोते समय पैसे कमाने का विज्ञान

(थीम: विज्ञापन से लेकर भुगतान तक—बिना किसी मानवीय बातचीत के ग्राहक को संतुष्ट करने का जादू।)

अदृश्य सेल्समैन की फौज: मेरा सेल्स फनल एक ऐसा सेल्समैन है जो कभी सोता नहीं, कभी बीमार नहीं पड़ता और कभी छुट्टी नहीं मांगता। यह विज्ञापन (Ad) के रूप में सही व्यक्ति के सामने पहुँचता है। यह वह पहला हाथ है जो ग्राहक को मेरे विज़न से मिलाता है। इस स्तर पर मुझे या किसी टीम मेंबर को फ़ोन उठाने की ज़रूरत नहीं है; एल्गोरिदम तय करता है कि किसे मेरा

संदेश दिखाना है।

सम्मोहन का डिजिटल सफर (The Digital Journey): जैसे ही कोई व्यक्ति विज्ञापन पर क्लिक करता है, वह मेरी जादुई दुनिया में प्रवेश करता है। यहाँ मेरा कंटेंट और एआई-संचालित लैंडिंग पेज उसे वह सब बताते हैं जो उसे जानना चाहिए। AYUFERY की शुद्धता हो या VAIKAS की शक्ति, सिस्टम उसे एक कहानी की तरह समझाता है। यह 'साइकोलॉजिकल ट्रिगर्स' का ऐसा जाल है जहाँ ग्राहक को लगता है कि मैं सीधे उससे बात कर रहा हूँ, जबकि वह सब कुछ ऑटोमेटेड होता है।

बिना बातचीत के विश्वास (Trust Without Talk): लोग कहते हैं कि बेचने के लिए बात करना ज़रूरी है। मैं कहता हूँ—गलत! अगर आपकी वैल्यू और आपका सिस्टम मज़बूत है, तो डेटा खुद बोलता है। मैं टेस्टिमोनियल्स, केस स्टडीज और एआई-जनरेटेड डेमोंस्ट्रेशन का ऐसा मेल बिठाता हूँ कि ग्राहक के मन में उठने वाला हर सवाल उसके पूछने से पहले ही हल हो जाता है। विश्वास 'शब्दों' से नहीं, 'सिस्टम की स्पष्टता' से पैदा होता है।

प्रेसिजन चेकआउट (The Frictionless Payment): जब ग्राहक खरीदने का मन बना लेता है, तो पेमेंट गेटवे की पाइपलाइन उसे एक सेकंड की भी देरी नहीं होने देती। कोई इनवॉइस माँगने की झंझट नहीं, कोई गूगल पे का स्क्रीनशॉट भेजने का इंतज़ार नहीं। बटन दबा, पेमेंट हुई और एक्सेस मिल गया। यह 'नो-टच' अनुभव ग्राहक को वीआईपी होने का एहसास कराता है और मेरे समय को पूरी तरह सुरक्षित रखता है।

PM COACH का विजय मंत्र

"अगर आपको पैसा कमाने के लिए अपना समय बेचना पड़ रहा है, तो आप अमीर नहीं हैं, आप सिर्फ एक महंगे मज़दूर हैं। एक ऐसा 'नो-टच' सिस्टम बनाइये जो आपके बिना भी धड़क सके। जो सोते समय पैसे नहीं कमा सकता, वह मरते दम तक काम करता है। सेल्स को एल्गोरिदम सौंपिए और खुद साम्राज्य की रणनीति बनाइये!"

अध्याय 8.4: ऑटो-रिस्पॉन्स और चैटबॉट इंटेलिजेंस: रियल-टाइम समाधान

(थीम: ग्राहक की शंकाओं का समाधान रियल-टाइम में करने के लिए स्मार्ट बॉट्स का विन्यास।)

दिमाग वाला चैटबॉट (Contextual Intelligence): लोग अक्सर चैटबॉट्स से नफरत करते हैं क्योंकि वे पुराने ज़माने के बोरिंग सवाल-जवाब करते थे। लेकिन मेरा एआई चैटबॉट अलग है। वह ग्राहक के सवाल के पीछे की मंशा (Intent) को समझता है। अगर कोई AYUFERY के बारे में पूछ रहा है, तो बॉट उसे वही समझाता है जो उसे चाहिए, न कि कोई रटी-रटाई स्क्रिप्ट पढ़ता है। यह 'स्मार्टनेस' ही मेरे ब्रांड की असली पहचान है।

इंसानी स्पर्श बिना इंसान के: मेरा लक्ष्य रोबोट की तरह बात करना नहीं है। मैंने अपने बॉट्स को इस तरह ट्रेन किया है कि वे मेरे ही 'P M COACH' वाले अंदाज़ में बात करते हैं। ग्राहक को लगता है कि कोई समझदार व्यक्ति उनकी मदद कर रहा है। जब तकनीक में 'सहानुभूति' और 'स्पष्टता' जुड़ जाती है, तो वह सिर्फ एक कोड नहीं रहता, बल्कि एक मज़बूत रिश्ता बन जाता है।

जटिल सवालों का फिल्टर: सारे सवाल बॉट हल नहीं करता, लेकिन वह एक बेहतरीन 'फिल्टर' का काम करता है। 90% सवाल वही होते हैं जो बार-बार पूछे जाते हैं। बॉट उन्हें तुरंत हल कर देता है, और जो 10% सवाल वाकई गंभीर होते हैं, वही मेरे डैशबोर्ड तक पहुँचते हैं। इससे मेरा और मेरी टीम का वक्त सिर्फ वहीं खर्च होता है जहाँ उसकी असली ज़रूरत है।

24/7 ग्लोबल सपोर्ट: दुनिया के किसी भी कोने से कोई भी व्यक्ति जब VAIKAS के बारे में जानना चाहता है, तो उसे मेरे जागने का इंतज़ार नहीं करना पड़ता। मेरा सिस्टम हमेशा जाग रहा है। यह 'ऑलवेज-ऑन' मॉडल ही एक व्यापार को सीमाओं से आज़ाद करता है। बिना थके, बिना रुके और बिना किसी गलती के—यही वह ऑटोमेशन है जो हर मुश्किल को मौके में बदल देता है।

PM COACH का विजय मंत्र

"ग्राहक का समय उसकी सबसे बड़ी पूँजी है। अगर आप उसे इंतज़ार

करवा रहे हैं, तो आप उसे खो रहे हैं। अपनी बुद्धि को बॉट में डालिए और उसे हर वक्त अपने ग्राहक की सेवा में लगाइये। जो सही वक्त पर सही जवाब देता है, वही बाज़ार का असली सिकंदर होता है!"

अध्याय 8.5: वर्कफ़्लो ऑटोमेशन: डिजिटल अंगों का तालमेल

(थीम: विभिन्न तकनीकी प्रणालियों को आपस में जोड़ना ताकि वे बिना मानवीय हस्तक्षेप के काम पूरा करें।)

डिजिटल नर्वस सिस्टम (The Digital Nervous System): ज़्यादातर लोग कई अलग-अलग सॉफ्टवेयर इस्तेमाल करते हैं, लेकिन वे सब अलग-थलग पड़े रहते हैं। मैंने एक ऐसा 'नर्वस सिस्टम' तैयार किया है जहाँ एक सॉफ्टवेयर में होने वाली हलचल दूसरे को तुरंत पता चल जाती है। अगर कोई ग्राहक अपनी जानकारी दर्ज करता है, तो वह डेटा अपने आप मेरी डेटाबेस पाइपलाइन में चला जाता है। मुझे एक उंगली भी नहीं हिलानी पड़ती; तकनीक खुद अपना रास्ता ढूँढ लेती है।

बिना रुकावट के सूचना का प्रवाह: पुराने समय में एक विभाग से दूसरे विभाग तक जानकारी पहुँचाने के लिए फाइलों का इंतज़ार करना पड़ता था। मैंने इस देरी को जड़ से खत्म कर दिया है। जैसे ही AYUFERY का कोई नया ऑर्डर आता है, मेरा ऑटोमेशन लॉजिक खुद ही स्टॉक चेक करता है, डिजिटल रसीद तैयार करता है और रसद (logistics) विभाग को सूचना भेज देता है। यह आपसी जुड़ाव ही मेरे बिज़नेस की असली रफ़्तार है।

मानवीय त्रुटि का पूर्ण खात्मा: जब इंसान एक जगह से जानकारी उठाकर दूसरी जगह दर्ज करता है, तो गलती होना स्वाभाविक है। लेकिन जब दो प्रणालियाँ आपस में बात करती हैं, तो डेटा पूरी तरह सुरक्षित और सटीक रहता है। यह शुद्धता ही VAIKAS की नींव है। मेरा सिस्टम कभी थकता नहीं और कभी किसी डेटा को गलत खाने में नहीं डालता।

समय की असीमित बचत और स्केलिंग: इस ऑटोमेशन ने मेरे दिन के कई कीमती घंटे बचाए हैं। वह काम जिसे करने के लिए पहले एक पूरी टीम की ज़रूरत पड़ती थी, अब एक छोटा सा 'डिजिटल ट्रिगर' कर देता है। यह

बचा हुआ समय मैं SAHAYT की नई रणनीतियां बनाने में लगाता हूँ। जब आपकी तकनीकी प्रणालियाँ आपस में सिंक (Sync) होती हैं, तो व्यापार एक बोझ नहीं, बल्कि एक खुद-ब-खुद बढ़ने वाला साम्राज्य बन जाता है।

PM COACH का विजय मंत्र

"सॉफ्टवेयर के नाम पर नहीं, उसके काम पर ध्यान दीजिये। तकनीक बदल सकती है, लेकिन 'स्वचालन का तर्क' (Logic of Automation) हमेशा वही रहेगा। अपने डिजिटल औज़ारों को इस तरह जोड़िये कि वे आपके लिए 24 घंटे काम करने वाली एक सेना बन जाएँ। जो सिस्टम बनाना सीख गया, वह समय का मालिक बन गया!"

अध्याय 8.6: शेड्यूलिंग और रिमाइंडर का जादू: समय का डिजिटल पहरा

(थीम: 'भूलने' की बीमारी का तकनीकी इलाज—ऑटो-नोटिफिकेशन के ज़रिए समय का प्रबंधन।)

इंसानी याददाश्त की सीमा: हमारा दिमाग 'आइडियाज़' पैदा करने के लिए बना है, 'लिस्ट' स्टोर करने के लिए नहीं। जब हम ज़रूरी मीटिंग्स या फॉलो-अप्स को याद रखने की कोशिश करते हैं, तो हम अपने दिमाग की कीमती ऊर्जा को फालतू काम में खर्च कर रहे होते हैं। मैंने अपने सिस्टम में ऐसी तकनीक सेट की है कि मुझे कभी कुछ याद नहीं रखना पड़ता। जब काम का वक्त आता है, मेरा फोन और लैपटॉप मुझे खुद बता देते हैं कि "अब यह करना है।"

स्मार्ट शेड्यूलिंग: बार-बार की माथापच्ची खत्म: पहले मीटिंग फिक्स करने के लिए दस बार फोन करना पड़ता था—"आप कब फ्री हैं?", "मैं तब नहीं हूँ।" अब मैंने इसे पूरी तरह ऑटोमेट कर दिया है। मेरा डिजिटल कैलेंडर मेरा 'गेटकीपर' है। ग्राहक खुद अपना समय चुनता है, और सिस्टम अपने आप मीटिंग लिंक और रिमाइंडर भेज देता है। इसमें न कोई मानवीय बातचीत होती है, न कोई भ्रम। यह 'नो-टच' शेड्यूलिंग ही VAIKAS की कार्यक्षमता का रहस्य है।

रिमाइंडर: अनुशासन का डिजिटल कोड़ा: अनुशासन का मतलब है वह काम करना जो करना चाहिए, भले ही आपका मन न हो। लेकिन कई बार हम वाकई भूल जाते हैं। मेरा सिस्टम मुझे और मेरी टीम को तब तक 'नज' (Nudge) करता रहता है जब तक वह काम पूरा न हो जाए। यह रिमाइंडर सिर्फ़ एक नोटिफिकेशन नहीं है, यह मेरा वह डिजिटल कोड़ा है जो मुझे पटरी से उतरने नहीं देता।

दोहराव वाले कार्यों का स्वचालन (Recurring Tasks): कुछ काम हर हफ्ते या हर महीने करने होते हैं—जैसे AYUFERY का इन्वेंट्री चेक या SAHAYT की प्रोग्रेस रिपोर्ट। मैंने इन कार्यों को 'लूप' पर डाल दिया है। हर महीने की एक निश्चित तारीख को सिस्टम खुद टास्क जनरेट करता है और संबंधित व्यक्ति को नोटिफाई कर देता है। अब मुझे किसी को याद दिलाने की ज़रूरत नहीं पड़ती कि "आज रिपोर्ट भेजनी है।"

PM COACH का विजय मंत्र

"दिमाग का इस्तेमाल सोचने के लिए कीजिये, याद रखने के लिए नहीं। जो अपनी डायरी और कैलेंडर को तकनीक के हवाले कर देता है, वही समय का असली मालिक बनता है। अपनी भूलने की आदत को तकनीक से सुधारिये और अपनी पूरी ऊर्जा सिर्फ 'Path Maker' बनने में लगाइये!"

अध्याय 8.7: डेटा-संचालित डैशबोर्ड: पूरे बिज़नेस की लाइव रिपोर्ट मोबाइल पर देखना

(थीम: अपने पूरे बिज़नेस की लाइव रिपोर्ट मोबाइल पर देखना—ताकि मैं केवल 'निगरानी' (Monitor) करूँ, 'मज़दूरी' (Labor) नहीं।)

आँखों के सामने सच: बालेश्वर में जब मैं ऑटो चलाता था, तो दिन के अंत में ही पता चलता था कि कितना कमाया और कितना खर्च हुआ। लेकिन डिजिटल युग में, मैं अंधेरे में काम नहीं करता। मैंने एक ऐसा 'डैशबोर्ड' तैयार किया है जहाँ AYUFERY की बिक्री से लेकर VAIKAS की लीड्स तक, हर एक आँकड़ा मेरी आँखों के सामने नाचता है। जब डेटा बोलता है, तो भ्रम की कोई जगह नहीं बचती।

निगरानी बनाम मज़दूरी: एक मज़दूर काम करता है, लेकिन एक मालिक 'सिस्टम' को काम करते हुए देखता है। इस डैशबोर्ड की वजह से मुझे हर विभाग में जाकर पूछना नहीं पड़ता कि "क्या चल रहा है?" मेरा मोबाइल मुझे बता देता है कि कौन सा हिस्सा सही रफ़्तार से चल रहा है और कहाँ तेल की ज़रूरत है। यह तकनीक मुझे काम के 'अंदर' नहीं, बल्कि काम के 'ऊपर' रहने की आज़ादी देती है।

रियल-टाइम निर्णय की शक्ति: अगर विज्ञापन का खर्च बढ़ रहा है और रिज़ल्ट कम आ रहे हैं, तो मुझे हफ़्ते के अंत तक इंतज़ार करने की ज़रूरत नहीं है। मैं उसे उसी पल अपने डैशबोर्ड पर देख सकता हूँ और तुरंत फैसला ले सकता हूँ। यह 'लाइव रिपोर्टिंग' ही वह ढाल है जो मेरे पैसे और समय को बर्बाद होने से बचाती है। सही समय पर सही जानकारी ही जीत की असली चाबी है।

प्रेडिक्टिव इंटेलिजेंस (भविष्य का अनुमान): मेरा डैशबोर्ड सिर्फ आज का सच नहीं दिखाता, बल्कि पिछले रुझानों (Trends) को देखकर यह भी इशारा करता है कि अगले महीने क्या हो सकता है। डेटा-संचालित होने का मतलब है—अंदाज़ों को हकीकत में बदलना। जब मेरे पास सटीक आँकड़े होते हैं, तो मैं SAHAYT के विज़न को लेकर और भी आश्वस्त हो जाता हूँ।

PM COACH का विजय मंत्र

"बिना डेटा के बिज़नेस चलाना वैसा ही है जैसे आँखें बंद करके गाड़ी चलाना। अपने पूरे साम्राज्य को एक डैशबोर्ड पर उतारिये। जो माप सकता है, वही सुधार सकता है। मज़दूरी छोड़िये और डेटा के ज़रिए अपने बिज़नेस की निगरानी करने वाले 'Path Maker' बनिए!"

अध्याय 8.8: डेलीगेशन बनाम ऑटोमेशन: टीम और कोड के बीच का चुनाव

(थीम: कब किसी काम को टीम को सौंपना है और कब उसे कोड में बदलकर हमेशा के लिए खत्म करना है।)

तर्क (Logic) बनाम विवेक (Judgment): अगर किसी काम को करने का एक निश्चित नियम है (जैसे: "अगर ऐसा हो, तो वैसा करो"), तो उसे कभी भी इंसान को मत सौंपिए। उसे ऑटोमेशन (कोड) के हवाले कर दीजिये। इंसान को हम तब बुलाते हैं जब 'विवेक' और 'सहानुभूति' की ज़रूरत हो। AYUFERY के डेटा की एंट्री कोड करेगा, लेकिन किसी दुखी ग्राहक से बात एक इंसान (या एडवांस एआई) करेगा। जो काम मशीन कर सकती है, उसके लिए इंसान का वक्त बर्बाद करना अपराध है।

एक बार की मेहनत, जीवन भर की आज़ादी: डेलीगेशन (टीम को काम सौंपना) में आपको बार-बार ट्रेनिंग देनी पड़ती है, लोग नौकरी छोड़कर जा सकते हैं, और आपको बार-बार निगरानी करनी पड़ती है। लेकिन ऑटोमेशन में मैं एक बार 'वर्कफ़्लो' सेट करता हूँ और वह हमेशा के लिए मेरा गुलाम बन जाता है। मैं उस काम को 'कोड' में बदलकर अपनी लिस्ट से हमेशा के लिए मिटा देता हूँ। यही 'Path Maker' की असली आज़ादी है।

स्केलेबिलिटी का पैमाना: अगर मुझे आज 100 ऑर्डर्स संभालने हैं, तो शायद मैं टीम से करवा लूँ। लेकिन जब मुझे 10 लाख लोगों तक पहुँचना है, तो मैं उतनी बड़ी टीम को मैनेज नहीं कर पाऊंगा। VAIKAS का मेरा मॉडल 'कोड-फर्स्ट' है। मैं पहले यह देखता हूँ कि क्या यह काम ऑटोमेशन से हो सकता है? अगर जवाब 'हाँ' है, तो मैं टीम को बीच में नहीं लाता। कोड असीमित रूप से फैल सकता है, इंसान नहीं।

भविष्य का संगठन: मेरा विज़न एक ऐसी संस्था बनाना है जहाँ इंसान और मशीन मिलकर काम करें, लेकिन मशीन भारी काम (Heavy Lifting) करे और इंसान सिर्फ़ दिशा दिखाए। जब आप सही चीज़ को ऑटोमेट कर देते हैं, तो आप अपनी टीम को 'मज़दूरी' से बचाकर उन्हें 'लीडर' बनने का मौका देते हैं। मैं काम को डेलीगेट नहीं करता, मैं उसे 'एलिमिनेट' (Eliminate) करता हूँ।

PM COACH का विजय मंत्र

"जो काम एक Rs10 के सॉफ्टवेयर से हो सकता है, उसके लिए Rs1000 का कर्मचारी मत रखिये। अपनी टीम की बुद्धि का सम्मान कीजिये, उनसे गधों वाला काम मत कराइए। 'कोड' को अपना मज़दूर बनाइये और 'इंसानों' को अपना सिपाही। जो ऑटोमेट हो सकता है, उसे डेलीगेट करना

आपकी कमज़ोरी है!”

अध्याय 8.9: ऑटोमेशन की ‘बग-टेस्टिंग’: स्ट्रेस टेस्ट की कला

(थीम: यह सुनिश्चित करना कि आपकी अनुपस्थिति में भी सिस्टम कहीं टूटे नहीं।)

सिस्टम को जानबूझकर तोड़ना (Chaos Engineering): एक सच्चा ‘Path Maker’ अपने सिस्टम पर तब तक भरोसा नहीं करता जब तक वह उसे हर कसौटी पर कस न ले। मैं अक्सर अपने ऑटोमेशन वर्कफ़्लो में जानबूझकर ‘गलत डेटा’ डालता हूँ या किसी ‘डिजिटल प्लग’ को हटा देता हूँ, सिर्फ यह देखने के लिए कि मेरा सिस्टम उसे कैसे संभालता है। अगर सिस्टम एरर (Error) दे देता है और मुझे अलर्ट भेजता है, तो वह पास है। अगर वह चुपचाप बैठ जाता है, तो उसे अभी और सुधार की ज़रूरत है।

अलर्ट और नोटिफिकेशन सिस्टम: मेरा ऑटोमेशन सिर्फ काम नहीं करता, वह अपनी सेहत की जानकारी भी देता है। मैंने ‘फेल-सेफ’ (Fail-Safe) सिस्टम बनाया है। अगर AYUFERY के पेमेंट गेटवे में या VAIKAS की डेटा पाइपलाइन में कोई रुकावट आती है, तो मुझे उसी पल एक संदेश मिलता है। यह वैसी ही चेतावनी है जैसे ऑटो के डैशबोर्ड पर लाल बत्ती जलना। इससे पहले कि ग्राहक को पता चले, मैं उसे ठीक कर देता हूँ।

लोड और स्ट्रेस टेस्ट: मान लीजिये आज 100 लोग आपके सिस्टम पर आ रहे हैं, लेकिन कल अगर अचानक 1 लाख लोग आ जाएँ, तो क्या आपका कोड क्रैश हो जाएगा? मैं अपने सिस्टम का ‘स्ट्रेस टेस्ट’ करता हूँ ताकि रफ़्तार और लोड बढ़ने पर भी SAHAYT का विज़न लड़खड़ाए नहीं। तकनीक ऐसी होनी चाहिए जो प्रेशर में निखरे, बिखरे नहीं।

निरंतर सुधार (Iteration): ऑटोमेशन कोई ‘एक बार लगाओ और भूल जाओ’ वाली चीज़ नहीं है। तकनीक बदलती है, ग्राहकों की ज़रूरतें बदलती हैं। मैं हर महीने अपने ‘डिजिटल इंजनों’ की सर्विसिंग करता हूँ। पुरानी कड़ियों को हटाता हूँ और नई, तेज़ कड़ियों को जोड़ता हूँ। जो सिस्टम समय के साथ खुद को अपडेट नहीं करता, वह जंग खाकर रुक जाता है।

PM COACH का विजय मंत्र

"सिस्टम पर भरोसा कीजिये, लेकिन उसे 'अंधविश्वास' मत बनाइये। अपनी मशीन का इंजन तब चेक कीजिये जब वह खड़ी हो, न कि तब जब वह सड़क पर दौड़ रही हो। जो अपनी गलतियों को पहले ही ढूँढ लेता है, उसे बाज़ार कभी सज़ा नहीं दे पाता। अपने ऑटोमेशन के खुद सबसे बड़े क्रिटिक (Critic) बनिए!"

अध्याय 8.10: आज़ादी का एल्गोरिदम: जब आपका साम्राज्य आपके बिना धड़कता है

(थीम: वह क्षण जब आपका बिज़नेस आपके बिना भी चलता है—यही 'Path Maker' की असली आर्थिक आज़ादी है।)

उपस्थिति की कैद से रिहाई: जब मैं ऑटो चलाता था, मेरी कमाई मेरी 'हाजिरी' पर टिकी थी। आज VAIKAS और SAHAYT का मॉडल मेरी 'हाजिरी' का मोहताज नहीं है। आज़ादी का मतलब छुट्टी मनाना नहीं है, आज़ादी का मतलब यह है कि आपके सिस्टम की रफ़्तार आपके सक्रिय काम (Active Work) से आज़ाद हो जाए। जब आपका कोड आपके लिए पैसे और प्रभाव (Impact) पैदा करने लगे, तब समझिये आप आज़ाद हो गए।

सिस्टम का 'सेल्फ-हीलिंग' मोड: एक मैच्योर एल्गोरिदम वह है जो अपनी छोटी-मोटी समस्याओं को खुद हल कर ले। मैंने अपने बिज़नेस को इस स्तर पर पहुँचाया है जहाँ वह अपनी कमियों को खुद पहचानता है और उन्हें ठीक करता है। यह वह 'आर्टिफिशियल इंटेलिजेंस' है जो मुझे रात को सुकून की नींद देती है क्योंकि मुझे पता है कि मेरा साम्राज्य अपनी रक्षा खुद कर सकता है।

समय का गुणन (Time Multiplication): हर इंसान के पास 24 घंटे होते हैं, लेकिन एक 'Path Maker' अपने समय को हज़ारों गुना बढ़ा देता है। जब मेरा सेल्स फनल एक साथ 5000 लोगों को हैंडल कर रहा होता है, तब मैं एक ही समय में 5000 जगह मौजूद होता हूँ। यह जादू सिर्फ ऑटोमेशन ही कर सकता है। समय को बेचना बंद कीजिये, उसे 'मल्टीप्लाई' करना शुरू कीजिये।

जीत का अंतिम पड़ाव: आज़ादी का एल्गोरिदम कोई सॉफ्टवेयर नहीं, एक मानसिकता (Mindset) है। यह वह विश्वास है कि आपने दुनिया के लिए एक ऐसी मशीन बना दी है जो वैल्यू पैदा करती रहेगी, चाहे आप दुनिया के किसी भी कोने में हों। जब डैशबोर्ड पर हरे निशान दिखें और आपके हाथ में कोई काम न हो, वही एक सफल 'Path Maker' की असली जीत है।

PM COACH का विजय मंत्र

"कमाई वह नहीं जो मेहनत से आए, असली कमाई वह है जो आपके सो जाने के बाद भी रुकने से मना कर दे। खुद को बिज़नेस का 'इंजन' नहीं, 'ड्राइवर' बनाइये—इंजन को काम करने दीजिये और आप रास्ते का आनंद लीजिये। जो सिस्टम के पीछे खटता है वह नौकर है, जो सिस्टम को अपने लिए खटाता है वही 'path maker' है!"

अध्याय 9

बहुभाषी स्केल: क्षेत्रीय शक्ति से ग्लोबल पहुँच

(थीम: भाषा की बाधा को तोड़कर समुदायों का निर्माण और वैश्विक विस्तार)

अध्याय 9.1: मातृभाषा का प्रभाव: विश्वास पैदा करने का सबसे तेज़ तरीका

(थीम: क्यों लोग अपनी भाषा में सीखना और जुड़ना पसंद करते हैं—ट्रस्ट (Trust) का मनोवैज्ञानिक आधार।)

जुड़ाव की पहली सीढ़ी: ज्ञान किसी भी भाषा में हो सकता है, लेकिन 'अहसास' सिर्फ मातृभाषा में होता है। जब मैं VAIKAS के माध्यम से किसी को ट्रेनिंग देता हूँ, तो अगर वह उसकी अपनी भाषा (जैसे ओडिया, हिंदी, मराठी या बंगाली) में हो, तो सीखने की गति 10 गुना बढ़ जाती है। लोग उस पर भरोसा करते हैं जिसे वे पूरी तरह समझ पाते हैं।

भारत में करोड़ों लोग ऐसे हैं जिनके पास हुनर है, लेकिन अंग्रेज़ी न आने की वजह से वे खुद को कमज़ोर समझते हैं। मेरा मिशन उन दीवारों को गिराना है। जब मैं उनकी भाषा में 'Path Maker' की बात करता हूँ, तो उनका डर खत्म हो जाता है और आत्मविश्वास जाग उठता है। अपनी भाषा में बात करना ही असली आज़ादी की शुरुआत है।

व्यापार में भाषा का 'इमोशनल' रिटर्न: डेटा कहता है कि 70% से अधिक ग्राहक उसी वेबसाइट या सर्विस को चुनते हैं जो उनकी अपनी भाषा में उपलब्ध हो। AYUFERY और VARDANTA को हमें सिर्फ शहरों तक सीमित नहीं रखना है, हमें हर गाँव तक पहुँचना है। और गाँव का रास्ता दिल से होकर जाता है, और दिल का रास्ता भाषा से।

भ्रम का अंत, स्पष्टता का उदय: तकनीकी शब्दों को अक्सर समझना मुश्किल होता है, लेकिन जब उन्हें स्थानीय मुहावरों और उदाहरणों के साथ समझाया जाता है, तो बात सीधे ज़हन में उतर जाती है। मेरा लक्ष्य है कि VAIKAS का हर पाठ इतना सरल हो कि वह हर घर की रसोई और हर किसान के खेत तक अपनी भाषा में पहुँच सके।

PM COACH का विजय मंत्र

"दुनिया जीतने के लिए अंग्रेज़ी ज़रूरी हो सकती है, लेकिन अपनों का दिल जीतने के लिए अपनी मिट्टी की बोली ही काफी है। भाषा को बाधा नहीं, अपनी सबसे बड़ी ताक़त बनाइये। जो अपनी मातृभाषा में दहाड़ता है, उसकी

गूँज सात समंदर पार तक सुनाई देती है!"

अध्याय 9.2: अंग्रेज़ी + क्षेत्रीय भाषाओं का संगम: आधुनिकता और गहराई का संतुलन

(थीम: व्यवसाय को ग्लोबल स्टैंडर्ड देने के लिए अंग्रेज़ी और जड़ों तक पहुँचने के लिए स्थानीय भाषाओं का मिश्रण।)

अंग्रेज़ी: तरक्की का हाईवे: हमें यह स्वीकार करना होगा कि दुनिया की नई तकनीक, एआई (AI) और ग्लोबल मार्केट की भाषा अंग्रेज़ी है। अगर हमें वैश्विक स्तर पर SAHAYT का परचम लहराना है, तो अंग्रेज़ी हमारे 'सिस्टम' की भाषा होनी चाहिए। यह हमें आधुनिकता और प्रोफेशनल दुनिया से जोड़ती है। यह वह खिड़की है जिससे हम दुनिया भर का ज्ञान अपने देश में लाते हैं।

क्षेत्रीय भाषाएँ: दिल का रास्ता: अंग्रेज़ी दिमाग को छूती है, लेकिन क्षेत्रीय भाषाएँ आत्मा को छूती हैं। अगर मैं किसी किसान को VARDANTA के बारे में समझा रहा हूँ या किसी ग्रामीण युवा को AYUFERY के फायदों के बारे में बता रहा हूँ, तो वहाँ अंग्रेज़ी एक दीवार बन जाएगी। स्थानीय भाषा वह पुल है जो ग्राहक के मन से संशय हटाकर 'भरोसा' (Trust) पैदा करता है।

'हिंग्लिश' और मिश्रित भाषा का जादू: आज का भारत 'मिक्स' भाषा बोलता है। मैंने अपने ट्रेनिंग मॉडल में इसी मिश्रण को अपनाया है। हम तकनीक के शब्द अंग्रेज़ी में रखते हैं ताकि लोग अपग्रेड हों, लेकिन उनकी व्याख्या (Explanation) मातृभाषा में करते हैं ताकि वे उसे अपनी ज़िंदगी में उतार सकें। यह मेल ही 'Path Maker' को एक प्रभावशाली शिक्षक बनाता है।

व्यापारिक स्टैंडर्ड बनाम व्यक्तिगत जुड़ाव: मेरा ब्रांड VARDANTA दिखने में एक इंटरनेशनल स्टैंडर्ड का ब्रांड है, लेकिन जब आप इससे जुड़ते हैं, तो यह आपकी अपनी भाषा में बात करता है। यह रणनीति हमें एक साथ 'बड़ा' और 'अपना' दोनों बनाती है। लोग अक्सर ब्रांड्स से इसलिए नहीं जुड़ते क्योंकि वे बहुत बड़े होते हैं, बल्कि इसलिए जुड़ते हैं क्योंकि वे उन्हें 'समझते' हैं।

PM COACH का विजय मंत्र

"दिमाग को अंग्रेज़ी से तेज़ कीजिये और दिल को अपनी बोली से जीतिये। जो अपनी भाषा भूल जाता है उसकी जड़ें सूख जाती हैं, और जो दुनिया की भाषा नहीं सीखता वह पिछड़ जाता है। हाईवे पर दौड़िए, पर अपनी गलियों का पता कभी मत भूलिए। भाषा का संगम ही आपकी असली जीत का परचम है!"

अध्याय 9.3: हाइपर-लोकल मार्केटिंग: मिट्टी की खुशबू, ब्रांड का जादू

(थीम: विशिष्ट क्षेत्रों के लिए उनके सांस्कृतिक संदर्भों और त्योहारों के अनुसार कंटेंट का निर्माण।)

सिर्फ अनुवाद नहीं, रूपांतरण (Transcreation): लोग अक्सर गलती करते हैं कि वे हिंदी के विज्ञापन का बस ओडिया या मराठी में अनुवाद कर देते हैं। लेकिन एक 'Path Maker' जानता है कि शब्द नहीं, 'भावना' महत्वपूर्ण है। अगर पंजाब में VARDANTA DHARA की बात हो रही है, तो वहां की खुशहाली और बैसाखी का जिक्र होना चाहिए। अगर दक्षिण भारत में AYUFERY की बात हो रही है, तो वहां के पारंपरिक आयुर्वेद का संदर्भ होना चाहिए।

सांस्कृतिक जुड़ाव का मनोविज्ञान: लोग उस विज्ञापन पर सबसे जल्दी क्लिक करते हैं जिसमें उन्हें अपनी संस्कृति की झलक दिखती है। जब मैं ओडिशा के लिए कैंपेन बनाता हूँ, तो उसमें वहां के खान-पान और उत्सवों का तड़का होता है। इससे ग्राहक को लगता है कि यह कंपनी बाहर की नहीं, बल्कि उनके अपने घर की है। मार्केटिंग तभी सफल है जब वह 'विदेशी' न लगे।

स्थानीय नायक और उदाहरण: हर क्षेत्र के अपने रोल मॉडल्स और संघर्ष की कहानियाँ होती हैं। मार्केटिंग करते समय मैं उसी मिट्टी के उदाहरण देता हूँ। जब एक बिहारी युवा सुनता है कि उसी के जैसा एक लड़का VAIKAS का उपयोग करके सफल हुआ, तो वह तुरंत जुड़ जाता है। स्थानीय सफलता की कहानियाँ (Local Success Stories) करोड़ों के विज्ञापनों से कहीं ज़्यादा ताकतवर होती हैं।

त्योहारों का रणनीतिक उपयोग: भारत त्योहारों का देश है। पोंगल, ओणम, बिहू या दुर्गा पूजा—हर त्योहार हमारे लिए एक मौका है लोगों के घरों तक पहुँचने का। SAHAYT का संदेश इन त्योहारों के साथ घुल-मिल जाना चाहिए। जब हम लोगों की खुशियों में शामिल होते हैं, तो वे हमारे ब्रांड को अपनी खुशहाली का हिस्सा मान लेते हैं।

PM COACH का विजय मंत्र

"विज्ञापन वह नहीं जो सिर्फ सामान बेचे, विज्ञापन वह है जो अपनी मिट्टी की याद दिला दे। ग्राहक को उसकी भाषा और संस्कृति में सम्मान दीजिये, वह आपको अपनी ज़िंदगी में जगह देगा। जो हर गली का हाल जानता है, वही पूरे देश पर राज करता है। लोकल बनिए ताकि आप ग्लोबल दिख सकें!"

अध्याय 9.4: बहुभाषी एआई अनुवाद: मेरी एक आवाज़, करोड़ों कान

(थीम: अपनी आवाज़ और ज्ञान को बिना अर्थ खोए कई भाषाओं में ऑटो-ट्रांसलेट करने की तकनीक।)

आवाज़ का क्लोनिंग और भाषाई अवतार: बालेश्वर में जब मैं किसी बंगाली बाबू या मद्रासी साहब को बैठाता था, तो मुझे टूटी-फूटी भाषा का सहारा लेना पड़ता था। लेकिन आज, एआई की मदद से मैं अपनी ही आवाज़ को किसी भी भाषा में बदल सकता हूँ। यह सिर्फ अनुवाद नहीं है, यह 'वॉयस क्लोनिंग' का जादू है। जब एक तमिल किसान मेरा वीडियो देखेगा, तो उसे P M COACH की वही ओरिजिनल आवाज़ तमिल में सुनाई देगी। यह तकनीक भाषा की दीवार को मलबे में बदल देती है।

बिना अर्थ खोए 'इमोशन' का ट्रांसफर: किताबी ट्रांसलेटर सिर्फ शब्दों को बदलते हैं, लेकिन मेरा एआई सिस्टम मेरी भावनाओं (Emotions) को पकड़ता है। अगर मैं गुस्से में 'आज़ादी' बोल रहा हूँ, तो ओडिया या पंजाबी अनुवाद में भी वही कड़कपन होगा। VAIKAS का एल्गोरिदम यह सुनिश्चित करता है कि मेरा 'विजय मंत्र' अपनी धार न खो दे। तकनीक जब भावना को समझ लेती है, तो वह भाषा से ऊपर उठ जाती है।

लिप-सिंकिंग (Lip-Syncing) का डिजिटल चमत्कार: यह सबसे रोमांचक हिस्सा है। जब मैं हिंदी में बोलता हूँ, तो एआई मेरे होठों की हलचल को उस दूसरी भाषा के अनुसार बदल देता है। यानी देखने वाले को लगेगा ही नहीं कि यह डब किया हुआ है। उसे लगेगा कि मैं सीधे उसकी भाषा में बात कर रहा हूँ। यह 'Personal Connection' पैदा करने का सबसे पावरफुल तरीका है। जब आँखों से आँखें मिलती हैं और भाषा अपनी होती है, तो सेल (Sale) अपने आप होती है।

डेटा की शुद्धता और स्थानीय मुहावरे: मेरा एआई मॉडल सिर्फ़ डिक्शनरी नहीं झाँकता, वह स्थानीय मुहावरों (Slangs) का इस्तेमाल करता है। अगर पंजाब में बात हो रही है, तो वह 'तरक्की' की जगह 'चड़दी कला' जैसे शब्दों का चुनाव खुद करता है। इससे सुनने वाले को लगता है कि बोलने वाला उसकी अपनी गलियों से निकलकर आया है। यही वह बारीकी है जो SAHAYT को हर घर का हिस्सा बना देगी।

PM COACH का विजय मंत्र

"शब्द शरीर हैं, तो भाषा सिर्फ़ एक लिबास है—असली जान तो आपकी आवाज़ की गहराई में होती है। तकनीक का हाथ थामिए और अपनी आवाज़ को हर उस कान तक पहुँचाइए जो आपकी भाषा नहीं, आपकी कामयाबी की भाषा सुनना चाहता है। जो गूगल ट्रांसलेट पर निर्भर है वह पिछड़ जाएगा, जो एआई के साथ अपनी आवाज़ को 'मल्टीप्लाई' करेगा वही इतिहास रचेगा!"

अध्याय 9.5: समुदाय का विन्यास (Community Architecture): सेना तैयार करने की कला

(थीम: केवल 'फॉलोअर्स' नहीं, बल्कि एक ऐसी 'एक्टिव कम्युनिटी' बनाना जो आपकी अनुपस्थिति में भी एक-दूसरे की सहायता करे।)

स्व-चालित सहायता प्रणाली (Self-Healing Ecosystem): एक 'Path Maker' हर जगह मौजूद नहीं हो सकता। इसलिए, मैंने कम्युनिटी को इस तरह डिज़ाइन किया है कि अगर किसी नए सदस्य को VAIKAS का कोई टूल इस्तेमाल करने में दिक्कत आती है, तो पुराने सदस्य खुद आगे

बढ़कर उसकी मदद करते हैं। यह एक 'डिजिटल गाँव' की तरह है जहाँ किसी के घर में आग लगे तो पूरा गाँव बाल्टी लेकर दौड़ पड़ता है। मुझे बीच में पड़ने की ज़रूरत ही नहीं पड़ती; सिस्टम खुद अपनी मरम्मत कर लेता है।

साझा मिशन और पहचान: मेरी कम्युनिटी के सदस्यों के पास सिर्फ एक कोर्स नहीं, बल्कि एक 'पहचान' है। वे खुद को 'Path Maker' कहते हैं। जब आप लोगों को एक साझा दुश्मन (जैसे: गरीबी या वित्तीय असुरक्षा) और एक साझा लक्ष्य (2035 का मिशन) दे देते हैं, तो वे एक अटूट कड़ी बन जाते हैं। यह जुड़ाव ही उन्हें टिके रहने की ताकत देता है। लोग सामान खरीदना छोड़ सकते हैं, लेकिन अपनी पहचान और परिवार को कभी नहीं छोड़ते।

पदानुक्रम (Hierarchy) और सम्मान का खेल: कम्युनिटी में मैंने 'लेवल्स' बनाए हैं। जो दूसरों की मदद करता है, उसे विशेष सम्मान और अधिकार मिलते हैं। यह वैसा ही है जैसे एक मोहल्ले में बड़े-बुजुर्गों का सम्मान होता है। इससे हर कोई बेहतर बनने और दूसरों को सिखाने के लिए प्रेरित रहता है। यहाँ ज्ञान सिर्फ ऊपर से नीचे नहीं बहता, बल्कि हर सदस्य एक-दूसरे का शिक्षक बन जाता है।

भविष्य की सुरक्षा का बीमा: विज्ञापन बंद हो सकते हैं, एल्गोरिदम बदल सकते हैं, लेकिन एक वफादार समुदाय कभी खत्म नहीं होता। यह कम्युनिटी ही VARDANTA और AYUFERY की असली ताकत है। अगर कल को मैं कोई नया प्रोडक्ट लॉन्च करता हूँ, तो मुझे विज्ञापन पर करोड़ों खर्च करने की ज़रूरत नहीं है; मेरी सेना पहले से ही तैयार खड़ी है। यही वह आज़ादी है जहाँ आपका बिज़नेस आपके नाम पर नहीं, बल्कि आपके लोगों के भरोसे पर चलता है।

PM COACH का विजय मंत्र

"अकेले चलना बहादुरी है, लेकिन सबको साथ लेकर चलना 'लीडरशिप' है। फॉलोअर्स सिर्फ़ तालियां बजाते हैं, लेकिन कम्युनिटी आपके विज़न को अपने कंधों पर उठाती है। अपनी मार्केटिंग की ताकत लोगों को खरीदने पर नहीं, बल्कि उन्हें जोड़ने पर लगाइये। जिसका समुदाय मज़बूत है, उसे दुनिया की कोई ताकत नहीं हिला सकती!"

अध्याय 9.6: सांस्कृतिक संवेदनशीलता (Cultural Nuances): मिट्टी की नब्ज पहचानना

(थीम: अलग-अलग राज्यों के व्यावसायिक व्यवहार को समझना और उनके अनुसार 'VAIKAS' को ढालना।)

व्यवहार का नक्शा (The Behavioral Map): भारत एक देश है, लेकिन यहाँ कई 'भारत' बसते हैं। पश्चिम बंगाल में लोग तर्क और कला को पसंद करते हैं, जबकि गुजरात में लोग सीधे 'धंधे' और 'मुनाफे' की बात सुनना चाहते हैं। मैंने VAIKAS को इस तरह लचीला बनाया है कि वह हर राज्य की मानसिकता में फिट बैठ सके। हम सिर्फ एक सॉफ्टवेयर नहीं बेच रहे, हम उनकी जीवनशैली का एक हिस्सा बन रहे हैं।

स्थानीय शिष्टाचार और बिज़नेस एथिक्स: दक्षिण भारत में व्यापारिक बातचीत बहुत ही शालीन और औपचारिक होती है, वहीं उत्तर भारत में अक्सर 'भाईचारे' और 'रिश्तेदारी' से सौदे होते हैं। एक 'Path Maker' को यह पता होना चाहिए कि कहाँ 'नमस्ते' कहना है और कहाँ 'वणक्कम'। जब आप उनके रीति-रिवाजों का सम्मान करते हैं, तो व्यापार की मेज़ पर आधी जीत तो वहीं हो जाती है।

समय और रफ़्तार का अंतर: मेट्रो शहरों में लोगों को सब कुछ 'कल' चाहिए, लेकिन ग्रामीण अंचलों में लोग पहले चाय पीना और रिश्ता बनाना पसंद करते हैं। मैंने अपनी ऑटोमेशन पाइपलाइन में इन 'सांस्कृतिक देरी' (Cultural Delays) का ध्यान रखा है। हम किसी पर दबाव नहीं डालते, बल्कि उनके अपने 'पेस' (Pace) पर उनके साथ चलते हैं। विश्वास रातों-रात नहीं, बल्कि धीरज और समझदारी से बनता है।

ब्रांड का 'लोकल' अवतार: AYUFERY और VARDANTA का संदेश अलग-अलग राज्यों में वहां की मिट्टी की कहानियों से जुड़ा होता है। जहाँ पंजाब में हम 'मिट्टी की ताक़त' की बात करते हैं, वहीं केरल में हम 'आयुर्वेद की शुद्धता' पर ज़ोर देते हैं। एक ही प्रोडक्ट, लेकिन हर राज्य के लिए एक नया और प्रासंगिक चेहरा। यही असली स्केलिंग है।

PM COACH का विजय मंत्र

"व्यापार सिर्फ गणित का खेल नहीं है, यह मानवीय भावनाओं का भूगोल है। जो ग्राहक की जेब से पहले उसकी संस्कृति को समझ लेता है, उसे कभी ग्राहक ढूँढने की ज़रूरत नहीं पड़ती। अपनी तकनीक को ग्लोबल रखिये, लेकिन अपनी तमीज़ को पूरी तरह 'लोकल' बनाइये। जो हर मिट्टी की खुशबू पहचानता है, वही असली 'path Maker' कहलाता है!"

अध्याय 9.7: 'वर्दान्या' और 'वर्दांता': क्षेत्रीय पहचान से राष्ट्रीय मानक तक

(थीम: कैसे आपके ब्रांड्स क्षेत्रीय पहचान के साथ-साथ एक राष्ट्रीय मानक स्थापित करते हैं।)

वर्दान्या (Vardanyaah): रसोई की शुद्धता का वादा: मेरा ग्रोसरी ब्रांड 'वर्दान्या' सिर्फ सामान बेचने के लिए नहीं है। यह हर माँ के उस भरोसे का नाम है जो वह अपने परिवार की सेहत के लिए चाहती है। हमने इसे नंबर 5 पर रखा है क्योंकि यह पंचतत्वों की शुद्धता का प्रतीक है। जब एक परिवार वर्दान्या का उत्पाद इस्तेमाल करता है, तो उसे अपनी मिट्टी की खुशबू आती है, चाहे वह देश के किसी भी कोने में हो। यह क्षेत्रीय स्वाद को राष्ट्रीय गुणवत्ता के साथ जोड़ता है।

वर्दांता (Vardanta): किसान का डिजिटल और प्राकृतिक कवच: वर्दांता सिर्फ़ एक नाम नहीं, एक आंदोलन है—'वर्दांता धरा'। इसका नारा है, "खेती अब सिर्फ रोज़गार नहीं, संस्कार है।" हम किसानों को सिखाते हैं कि मिट्टी स्वस्थ होगी तभी जीवन स्वस्थ होगा। यह ब्रांड क्षेत्रीय किसानों की समस्याओं को समझता है, लेकिन उन्हें समाधान वैश्विक स्तर के (Standardized) देता है। जब एक किसान वर्दांता से जुड़ता है, तो वह खुद को एक राष्ट्रीय प्रगति का हिस्सा महसूस करता है।

गुणवत्ता का एक समान धागा (Uniform Excellence): अक्सर क्षेत्रीय ब्रांड्स बड़े होने पर अपनी गुणवत्ता खो देते हैं। लेकिन SAHAYT के तहत, हमने 'प्रोसेस' को इतना मज़बूत बनाया है कि वर्दान्या का जो स्वाद ओडिशा में है, वही पंजाब में भी होगा। हमने स्थानीय उत्पादों को 'मानकीकृत'

(Standardize) कर दिया है। यह वही तकनीक है जिससे दुनिया के बड़े ब्रांड्स राज करते हैं—लोकल सोर्सिंग, लेकिन ग्लोबल क्वालिटी।

विश्वास का दोतरफा पुल: हमारे ब्रांड्स क्षेत्रीय पहचान को गर्व देते हैं। जब कोई व्यक्ति देखता है कि उसके क्षेत्र का उत्पाद 'वर्दान्या' के नाम से पूरे भारत में बिक रहा है, तो उसका सीना गर्व से चौड़ा हो जाता है। हम स्थानीय अर्थव्यवस्था को मज़बूत करते हुए उसे राष्ट्रीय बाज़ार से जोड़ देते हैं। यह 'King Maker' की वह चाल है जो छोटे व्यापारियों को बड़े सपने देखना सिखाती है।

PM COACH का विजय मंत्र

"ब्रांड वह नहीं जो सिर्फ विज्ञापनों में चमके, ब्रांड वह है जो लोगों के विश्वास की कसौटी पर खरा उतरे। अपनी जड़ों को इतना गहरा रखिये कि कोई हिला न सके, और अपनी गुणवत्ता को इतना ऊँचा रखिये कि पूरी दुनिया उसे सलाम करे। जो अपनी मिट्टी का मान बढ़ाता है, वही इतिहास के पन्नों में अपना नाम अमर कर जाता है!"

अध्याय 9.8: ओल्ड-स्कूल नेटवर्किंग बनाम डिजिटल स्केल: मेलों से फनल तक

(थीम: क्षेत्रीय मेलों और स्थानीय समूहों को डिजिटल फनल से जोड़ने की कला।)

भीड़ को डेटा में बदलना: क्षेत्रीय मेले, कृषि प्रदर्शनियाँ और स्थानीय बैठकें हमारे लिए सिर्फ प्रचार का ज़रिया नहीं हैं—वे हमारे 'डेटा माइन' हैं। जहाँ दूसरे लोग सिर्फ पर्चे बाँट रहे होते हैं, वहाँ SAHAYT का सिस्टम एक QR कोड या एक छोटे डिजिटल सर्वे के ज़रिए उस भीड़ को अपनी पाइपलाइन में खींच लेता है। वह व्यक्ति मेले से घर लौटता है, लेकिन वह हमारे 'डिजिटल रडार' पर हमेशा के लिए आ जाता है।

चाय की चर्चा से डिजिटल कम्युनिटी तक: भारत में व्यापार आज भी 'चाय पर चर्चा' से शुरू होता है। मैं पुराने ज़माने की इस नेटवर्किंग का सम्मान करता हूँ। लेकिन मेरी तकनीक इस चर्चा को वहीं खत्म नहीं होने

देती। जैसे ही कोई स्थानीय प्रधान या समूह का नेता हमसे जुड़ता है, हमारा ऑटोमेशन उसे एक ऐसी डिजिटल कम्युनिटी में ले आता है जहाँ उसे रोज़ाना नया ज्ञान और सपोर्ट मिलता है। हमने 'हाथ मिलाने' की पुरानी रस्म को 'हमेशा साथ रहने' के डिजिटल वादे में बदल दिया है।

स्थानीय समूहों का 'डिजिटल अपग्रेड': हर गाँव या छोटे शहर में कुछ एक्टिव ग्रुप्स होते हैं। हम उन्हें खत्म नहीं करते, हम उन्हें VAIKAS के ज़रिए 'सुपर-पावर' देते हैं। हम उन्हें सिखाते हैं कि कैसे वे अपने पुराने नेटवर्किंग के तरीकों को हमारे डिजिटल फनल से जोड़कर अपनी कमाई और प्रभाव को 10 गुना बढ़ा सकते हैं। यह 'हाइब्रिड मॉडल' ही भारत की असली ताक़त है।

ट्रैकिंग का जादू: पहले पता नहीं चलता था कि मेले में मिले 100 लोगों में से कितने वास्तव में ग्राहक बने। अब, मेरा डैशबोर्ड मुझे बता देता है कि "कटक के उस मेले में मिले हुए रामलाल ने आज AYUFERY का ऑर्डर दिया है।" जब आप अपनी नेटवर्किंग को ट्रैक कर सकते हैं, तभी आप उसे स्केल कर सकते हैं।

PM COACH का विजय मंत्र

"मैदान में उतरना आपकी मज़बूती है, लेकिन उस भीड़ को डिजिटल फनल में डालना आपकी समझदारी है। सिर्फ हाथ मिलाना नेटवर्किंग नहीं है, किसी के हाथ थामकर उसे अपने सिस्टम का हिस्सा बनाना असली खेल है। ज़मीन से जुड़े रहिये लेकिन अपनी रफ़्तार बादलों जैसी रखिये। जो मिट्टी और कोड को मिला देता है, उसे सफल होने से कोई नहीं रोक सकता!"

अध्याय 9.9: फीडबैक इन लोकल डायलेक्ट्स: बोली से बढ़ता भरोसा

(थीम: ग्राहकों की समस्याओं को उनकी अपनी स्थानीय भाषा और लहज़े में समझना और समाधान देना।)

अनकहे दर्द को समझना: ग्राहक जब गुस्से में होता है, तो वह अपनी मातृभाषा में ही सबसे बेहतर तरीके से अपनी भावना व्यक्त करता है। अगर

कोई ओडिया में शिकायत कर रहा है और उसे जवाब अंग्रेज़ी की रटी-रटाई स्क्रिप्ट में मिले, तो उसका गुस्सा दोगुना हो जाता है। SAHAYT के तहत, हमने ऐसे सिस्टम बनाए हैं जो स्थानीय बोलियों (Dialects) को समझते हैं। जब ग्राहक को लगता है कि उसे 'सुना' जा रहा है, तो आधा गुस्सा वहीं खत्म हो जाता है।

शिकायत से वफ़ादारी का सफर: एक नाराज़ ग्राहक जो अपनी भाषा में समाधान पाता है, वह ब्रांड का सबसे बड़ा वकील बन जाता है। AYUFERY या VARDANTA के उत्पादों के बारे में अगर कोई ग्रामीण महिला अपनी भाषा में फीडबैक देती है, तो हमारा एआई (AI) उसे उसी लहज़े में आश्वासन देता है। यह 'Personal Touch' उसे एहसास कराता है कि यह कंपनी उसके लिए है, किसी बड़े शहर के ऑफिस के लिए नहीं।

डेटा से सुधार का रास्ता: हम सिर्फ फीडबैक सुनते नहीं हैं, हम उसे 'डिकोड' करते हैं। अगर किसी एक क्षेत्र (जैसे उत्तर प्रदेश) से बार-बार एक ही तरह की समस्या आ रही है, तो हमारा डैशबोर्ड हमें तुरंत संकेत दे देता है। स्थानीय भाषा में मिलने वाला फीडबैक हमें यह बताता है कि कहाँ सुधार की ज़रूरत है। यह 'रीयल-टाइम' सुधार ही हमें बाज़ार में दूसरों से आगे रखता है।

कम्युनिटी फीडबैक लूप: हमारी स्थानीय कम्युनिटीज़ (जैसा हमने 9.5 में चर्चा की) खुद फीडबैक का एक बड़ा जरिया हैं। वहाँ लोग खुलकर अपनी भाषा में चर्चा करते हैं। यह 'खुला संवाद' हमें वह जानकारी देता है जो कोई भी पेड सर्वे नहीं दे सकता। जो अपनी गलियों की शिकायतों को सुन लेता है, उसे नेशनल लेवल पर कभी हार का सामना नहीं करना पड़ता।

PM COACH का विजय मंत्र

"ग्राहक की शिकायत वह कड़वी दवा है जो आपके बिज़नेस की सेहत सुधारती है। उसे अनसुना करना आत्महत्या के बराबर है। जो ग्राहक की भाषा में उसके आंसू पोंछना जानता है, वही बाज़ार का असली बादशाह बनता है। शिकायतों को 'टिकट' नहीं, 'रिश्ता' समझिये। जो सुनता है, वही राज करता है!"

अध्याय 9.10: ग्लोबल एस्पिरेशन, लोकल रूट: भारत से विश्व तक का सफर

(थीम: भारत की क्षेत्रीय ताकत का उपयोग करके दुनिया के अन्य विकासशील देशों तक पहुँचने का ब्लूप्रिंट।)

देसी मॉडल, ग्लोबल डिमांड: दुनिया के बहुत से विकासशील देश (जैसे अफ्रीका, दक्षिण-पूर्व एशिया और लैटिन अमेरिका) बिल्कुल वैसी ही समस्याओं से जूझ रहे हैं जैसे भारत के छोटे शहर और गाँव। गरीबी, तकनीक की कमी और संसाधनों का अभाव। जो समाधान हमने SAHAYT के ज़रिए भारत के लिए बनाया है, वह पूरी दुनिया के लिए एक 'मिसाल' है। अगर हमारा मॉडल ओडिशा के एक गाँव में काम कर सकता है, तो वह नाइजीरिया या वियतनाम के गाँव में भी क्रांति ला सकता है।

'वर्दान्या' और 'वर्दांता' का इंटरनेशनल डेब्यू: हमारा मिशन सिर्फ़ सामान बेचना नहीं है, बल्कि एक जीवनशैली (Lifestyle) बेचना है। दुनिया आज 'प्राकृतिक' और 'शुद्ध' की तलाश में है। VARDANTA का जैविक दर्शन और AYUFERY की आयुर्वेदिक शक्ति ही हमारी 'ग्लोबल करंसी' है। हम दुनिया को बताएँगे कि "Mitti Swasth, Toh Jeevan Swasth" सिर्फ़ भारत का नारा नहीं, पूरी मानवता का भविष्य है।

बहुभाषी तकनीक का वैश्विक विस्तार: जिस एआई अनुवाद (AI Translation) का इस्तेमाल हम भारतीय भाषाओं के लिए कर रहे हैं, उसी का उपयोग करके हम रातों-रात स्वाहिली, स्पेनिश या फ्रेंच में बात करना शुरू कर सकते हैं। हमारी VAIKAS प्रणाली को सरहदों की ज़रूरत नहीं है। कोड को पासपोर्ट नहीं चाहिए होता। हम भारत में बैठकर दुनिया भर के ट्रेनर्स को 'Post-TTT Automation' सिखा सकते हैं।

किफायती और टिकाऊ मॉडल (Frugal Innovation): पश्चिमी देश बहुत महंगी तकनीक बनाते हैं, लेकिन भारत 'जुगाड़' और 'किफायती आविष्कार' का राजा है। हमारा मॉडल कम लागत में ज़्यादा असर (Impact) पैदा करता है। यही हमारी सबसे बड़ी वैश्विक ताक़त है। दुनिया को अब 'महंगे' समाधान नहीं, बल्कि 'सुलझे हुए' समाधान चाहिए, और वह एक P M

COACH से बेहतर कोई नहीं दे सकता।

PM COACH का विजय मंत्र

"अपनी जड़ों को अपनी ताक़त बनाइये, बोझ नहीं। जो अपनी मिट्टी का सम्मान करना जानता है, पूरी दुनिया उसका सम्मान करती है। पंख भले ही सात समंदर पार तक फैलें, पर उड़ान हमेशा अपनी संस्कृति की ज़मीन से ही शुरू होनी चाहिए। हम सिर्फ़ भारत नहीं, पूरी दुनिया को 'Path' दिखाएँगे—यही एक 'P M COACH' का असली गौरव है!"

अध्याय 10

2035 का मिशन: 10 मिलियन लोगों की आज़ादी

(थीम: वित्तीय स्वतंत्रता, पर्यावरणीय स्थिरता और भावी पीढ़ियों के लिए विरासत)

अध्याय 10.1: मिशन 2035 का विन्यास: 10 मिलियन का गणित और मकसद

(थीम: क्यों 10 मिलियन? इस संख्या के पीछे का सामाजिक प्रभाव और विज़न।)

संख्या नहीं, एक आंदोलन: कई लोग मुझसे पूछते हैं, "P M COACH, 10 मिलियन (1 करोड़) ही क्यों?" जवाब सीधा है—भारत की ताकत उसकी आबादी है, लेकिन उसकी सबसे बड़ी कमजोरी उस आबादी का 'दिशाहीन' होना है। अगर मैं 1 करोड़ लोगों को वित्तीय और वैचारिक रूप से आज़ाद कर पाता हूँ, तो वे 1 करोड़ लोग आगे चलकर 100 करोड़ लोगों के लिए 'Path Maker' बनेंगे। यह एक 'चेन रिएक्शन' है। 10 मिलियन वह 'क्रिटिकल मास' है जो पूरे देश की अर्थव्यवस्था और मानसिकता को बदलने की ताकत रखता है।

बालेश्वर से वैश्विक लक्ष्य तक: जब मैं ऑटो चलाता था, तो मेरा लक्ष्य दिन के 500 रुपये कमाना होता था। लेकिन जब मैंने SAHAYT की नींव रखी, तो मुझे समझ आया कि बड़ा लक्ष्य ही बड़ी ऊर्जा पैदा करता है। 10 मिलियन का आंकड़ा मुझे रोज़ सुबह बिस्तर से उछलने पर मजबूर कर देता है। यह गणित सिर्फ़ मुनाफे का नहीं है, यह उन 10 मिलियन परिवारों के चूल्हे जलने और उनके बच्चों के बेहतर भविष्य का गणित है।

सामाजिक बदलाव का गुणांक (Social Multiplier): जब एक व्यक्ति आत्मनिर्भर होता है, तो वह अपने आसपास के 10 और लोगों की मदद करता है। मेरा मिशन उन 'की-पर्सन' (Key Persons) को तैयार करना है। अगर 10 मिलियन लोग पर्यावरण के अनुकूल जीवन जीना शुरू कर दें और VARDANTA के विज़न को अपना लें, तो हम धरती को विनाश से बचा सकते हैं। यह मिशन सिर्फ़ बैंक बैलेंस बढ़ाने का नहीं, बल्कि 'मृदा' (Soil) और 'मर्यादा' को बचाने का है।

एक 'Path Maker' की शपथ: यह 10 मिलियन लोग मेरी सेना होंगे जो 'मोटिवेशन के जाल' से बाहर निकलकर 'एक्शन के साम्राज्य' में कदम रखेंगे। हम दिखा देंगे कि एक आम आदमी, जिसके पास सिर्फ एक बड़ा

सपना और सही तकनीक हो, वह दुनिया का नक्शा बदल सकता है। 2035 वह साल होगा जब दुनिया भारत की ओर देख रही होगी, और भारत की जड़ें SAHAYT के विज़न में टिकी होंगी।

PM COACH का विजय मंत्र

"लक्ष्य छोटा रखना अपराध है, और उसे बिना सिस्टम के पाना असंभव है। 10 मिलियन का आंकड़ा मेरी मंज़िल नहीं, बल्कि उस नई शुरुआत का नाम है जहाँ से भारत फिर से 'विश्व गुरु' बनेगा। अगर आपके पास सिस्टम (VAIKAS) है, तो संख्या सिर्फ एक खेल है। बड़ा सोचिये, क्योंकि आपकी सोच ही आपकी विरासत की सीमा तय करती है!"

अध्याय 10.2: आर्थिक स्वतंत्रता का नया मानक: पैसे की गुलामी से 'VAIKAS' की आज़ादी तक

(थीम: 'पैसा कमाने' और 'वित्तीय रूप से स्वतंत्र' होने के बीच का फर्क—VAIKAS के ज़रिए आज़ादी।)

मज़दूरी और आज़ादी का फर्क: बालेश्वर की सड़कों पर मैंने देखा था कि लोग दिन-रात खटते हैं, फिर भी महीना खत्म होते-होते हाथ खाली रह जाते हैं। यह सिर्फ़ इसलिए क्योंकि वे 'पैसे के पीछे' भाग रहे हैं। एक 'Path Maker' जानता है कि असली आज़ादी वह है जब आपके पास समय की पूरी कमान हो। VAIKAS (Valiant Authentic Inimitable Kinetic Automated Solution) वह ढाल है जो आपको 'मज़दूरी' से बचाकर 'मालकियत' की ओर ले जाती है।

अद्वितीय और अटूट समाधान (Inimitable Power): बाज़ार में हज़ारों तरीके हैं पैसा कमाने के, लेकिन हमारा समाधान 'Inimitable' है—जिसकी कोई नकल नहीं कर सकता। क्योंकि यह आपकी अपनी काबिलियत और एआई की रफ़्तार का संगम है। जब आप अपनी बुद्धि को VAIKAS के 'Kinetic' (गतिशील) सिस्टम में डाल देते हैं, तो वह एक ऐसी मशीन बन जाती है जो आपके बिना भी उतनी ही बहादुरी (Valiant) से काम करती है।

Authentic जुड़ाव: भरोसे की नींव: पैसा कमाने के शॉर्टकट बहुत हैं, लेकिन SAHAYT का रास्ता 'Authentic' (असली) है। जब आपका सिस्टम पारदर्शी और सच्चा होता है, तो 10 मिलियन लोगों का भरोसा खुद-ब-खुद आपकी आर्थिक आज़ादी का आधार बन जाता है। VAIKAS सिर्फ ऑटोमेशन नहीं है, यह भरोसे का एक 'Automated' घर है जहाँ ग्राहक और कोच दोनों सुरक्षित महसूस करते हैं।

समय की वापसी का गणित: हम सिर्फ बैंक बैलेंस नहीं बढ़ा रहे, हम आपके दिन के 24 घंटों को आज़ाद कर रहे हैं। जब आपका बिज़नेस Kinetic मोड में होता है, तो वह रुकता नहीं है। आप सो रहे हों, परिवार के साथ बालेश्वर के समुद्र तट पर घूम रहे हों या VARDANTA के खेतों में मिट्टी की सेवा कर रहे हों—आपका सिस्टम अपनी रफ़्तार (Kinetic Energy) बनाए रखता है। यही वह आज़ादी है जिसे हम 'वित्तीय स्वतंत्रता' कहते हैं।

PM COACH का विजय मंत्र

"कमाई वह नहीं जो पसीने से आए, असली कमाई वह है जो आपके 'Inimitable' सिस्टम की समझदारी से आए। पैसे के लिए दौड़ना बंद कीजिये और एक 'Valiant' (बहादुर) ऑटोमेशन तैयार कीजिये। जो अपने ज्ञान को 'VAIKAS' के साँचे में ढाल देता है, वह गरीबी की बेड़ियाँ हमेशा के लिए काट देता है। याद रखिये, चूहा दौड़ से बाहर निकलने का एकमात्र रास्ता आपका अपना 'Kinetic' सिस्टम है!"

अध्याय 10.3: पर्यावरणीय स्थिरता (Eco-Friendly Living): प्रगति और प्रकृति का संगम

(थीम: व्यवसाय और प्रकृति के बीच का संतुलन—कैसे SAHAYT पर्यावरण को सुरक्षित रखते हुए आगे बढ़ता है।)

डिजिटल फुटप्रिंट बनाम कार्बन फुटप्रिंट: मेरा बिज़नेस मॉडल 'डिजिटल-फर्स्ट' है। जब हम VAIKAS (Valiant Authentic Inimitable Kinetic Automated Solution) का उपयोग करते हैं, तो हम कागज़ों का इस्तेमाल खत्म कर देते हैं, यात्राओं की ज़रूरत कम हो जाती

है और बिजली की खपत न्यूनतम हो जाती है। हम बादलों (Cloud) में अपना साम्राज्य बना रहे हैं ताकि ज़मीन पर हरियाली बनी रहे। कम शोर, कम धुआँ और ज़्यादा असर—यही हमारी तकनीक का सार है।

मिट्टी की सेवा ही ईश्वर की सेवा: VARDANTA DHARA के ज़रिए हमारा सीधा लक्ष्य मिट्टी के स्वास्थ्य को सुधारना है। हम रसायनों (Chemicals) के खिलाफ एक युद्ध लड़ रहे हैं। जब मिट्टी ज़हरीली होती है, तो वह सिर्फ़ फसल नहीं, बल्कि मौत उगाती है। हमारा मिशन किसानों को 'प्राकृतिक खेती' की ओर ले जाना है, जहाँ खेती धरती का शोषण नहीं, बल्कि उसका पोषण (Nurture) बन जाए।

स्वस्थ जीवन का आधार—शुद्ध उत्पाद: AYUFERY और VARDANYAAH के माध्यम से हम शुद्धता का एक ऐसा चक्र बना रहे हैं जो प्रकृति के करीब है। हम प्लास्टिक और कचरे को कम करने के लिए पैकेजिंग के नए रास्तों पर काम कर रहे हैं। हमारा मानना है कि जो उत्पाद आपके शरीर के लिए अच्छा है, वह इस पर्यावरण के लिए भी सुरक्षित होना चाहिए। "Mitti Swasth, Toh Jeevan Swasth" सिर्फ एक नारा नहीं, हमारा ऑपरेटिंग सिस्टम है।

10 मिलियन पर्यावरण प्रहरी (Eco-Warriors): मेरा 2035 का मिशन सिर्फ 10 मिलियन अमीर लोग बनाना नहीं है, बल्कि 10 मिलियन ऐसे 'Path Makers' तैयार करना है जो पर्यावरण के प्रति जागरूक हों। हम अपने ट्रेनिंग मॉडल में 'Eco-Friendly Living' को एक अनिवार्य हिस्सा बनाते हैं। जब 1 करोड़ लोग सचेत होकर जीवन जिएंगे, तो ग्लोबल वार्मिंग जैसी समस्याओं के खिलाफ भारत सबसे बड़ी ताकत बनकर उभरेगा।

PM COACH का विजय मंत्र

"तरक्की वह नहीं जो जंगल काटकर कंक्रीट के महल खड़ा कर दे, असली तरक्की वह है जो मिट्टी की खुशबू को बरकरार रखते हुए आसमान को छू ले। अपनी तकनीक को डिजिटल रखिये, लेकिन अपनी जड़ों को मिट्टी में गहरा गाड़कर रखिये। जो धरती का कर्ज चुकाता है, कुदरत उसे कभी असफल नहीं होने देती। प्रगति करिये, पर प्रकृति की कीमत पर नहीं!"

अध्याय 10.4: 'वर्दान्ता धरा': खेती अब सिर्फ रोज़गार नहीं, संस्कार है

(थीम: कृषि और मिट्टी के स्वास्थ्य को जीवन के स्वास्थ्य से जोड़ना—
The Earth Initiativel)

मिट्टी की साफ़ साख (Mitti ki Saans): बालेश्वर की उपजाऊ मिट्टी ने मुझे सिखाया कि आप जो बोते हैं, वही काटते हैं। आज हम रसायनों के नाम पर मिट्टी में ज़हर बो रहे हैं। वर्दान्ता धरा का पहला उद्देश्य है मिट्टी की सेहत को फिर से ज़िंदा करना। हमारा नारा 'OXYFERT' के लिए बहुत साफ़ है—"मिट्टी की साँस, किसान का विश्वास।" जब तक मिट्टी खुलकर साँस नहीं लेगी, तब तक इंसान चैन की साँस नहीं ले पाएगा।

खेती: एक आध्यात्मिक अनुभव: हम खेती को सिर्फ़ एक 'इनकम सोर्स' की तरह नहीं देखते। यह एक संस्कार है—अपनी जड़ों से जुड़ने का, धैर्य सीखने का और कुदरत के साथ तालमेल बिठाने का। जब एक युवा SAHAYT से जुड़ता है, तो हम उसे सिखाते हैं कि हल चलाना सिर्फ़ पसीना बहाना नहीं, बल्कि भविष्य की नींव रखना है। यह 'संस्कार' ही हमारे अन्नदाता को एक मज़दूर से ऊपर उठाकर 'भाग्य विधाता' बनाता है।

स्वस्थ मिट्टी, स्वस्थ जीवन (Mitti Swasth, Toh Jeevan Swasth): आज के दौर में बीमारियाँ अस्पताल से नहीं, हमारी थाली से शुरू हो रही हैं। अगर मिट्टी में पोषक तत्व नहीं हैं, तो अन्न में भी नहीं होंगे। वर्दान्ता धरा एक ऐसा इकोसिस्टम बना रहा है जहाँ शुद्ध बीज, जैविक खाद और सही तकनीक का मेल हो, ताकि हर घर तक पहुँचने वाला निवाला औषधीय गुणों से भरपूर हो।

भविष्य का किसान: एक स्मार्ट एंटरप्रेन्योर: हम चाहते हैं कि 2035 का किसान लाचार न हो, बल्कि वह एक 'Path Maker' हो। वह अपने खेत को एक फैक्ट्री की तरह चलाए और VARDANYAAH जैसे ब्रांड्स के ज़रिए अपने उत्पादों को सीधा बाज़ार तक पहुँचाए। जब खेती एक सम्मानजनक और मुनाफे वाला 'संस्कार' बन जाएगी, तभी देश का युवा वापस मिट्टी की ओर लौटेगा।

PM COACH का विजय मंत्र

"मिट्टी आपकी माँ है, इसे बाज़ार की वस्तु मत समझिये। जो अपनी ज़मीन को ज़हर से बचाता है, कुदरत उसे सोने से नवाज़ती है। खेती को अपनी मजबूरी नहीं, अपनी मरुभूमि की ताकत बनाइये। याद रखिये, जब तक किसान की जेब में पैसा और खेत में शुद्धता नहीं होगी, तब तक देश की आज़ादी अधूरी है। मरुभूमि को महकाना ही हमारा असली संस्कार है!"

अध्याय 10.5: भविष्य का स्कूल और क्लिनिक: सुलभ शिक्षा और स्वास्थ्य का विज़न

(थीम: शिक्षा और स्वास्थ्य सेवाएँ आम आदमी के लिए सुलभ और रियायती (Discounts) बनाना।)

शिक्षा का लोकतांत्रिकरण: आज अच्छी शिक्षा एक व्यापार बन गई है। लेकिन SAHAYT के तहत, हम ऐसे 'भविष्य के स्कूल' का ढांचा तैयार कर रहे हैं जहाँ तकनीक (AI) के माध्यम से शिक्षा की लागत को कम किया जाएगा। हमारे 'Path Makers' के बच्चों के लिए विशेष Admission Discounts और स्कॉलरशिप की व्यवस्था होगी। मेरा मानना है कि ज्ञान पर सबका समान अधिकार है, चाहे वह बालेश्वर के किसी गाँव का बच्चा हो या दिल्ली के किसी बड़े घर का।

स्किल-बेस्ड लर्निंग (Hunar Se Azadi): हमारे स्कूलों में सिर्फ रटंत विद्या नहीं दी जाएगी। हम बच्चों को 'हुनर' सिखाएंगे। VAIKAS (Valiant Authentic Inimitable Kinetic Automated Solution) की छोटी झलकियाँ उन्हें बचपन से ही सिखाई जाएंगी ताकि वे नौकरी मांगने वाले नहीं, बल्कि नौकरी देने वाले 'King Makers' बनें। हम उन्हें भविष्य की चुनौतियों के लिए तैयार करेंगे, न कि बीते हुए कल की किताबों के लिए।

सामुदायिक क्लिनिक (Health for All): स्वास्थ्य सेवाएँ अक्सर पहुँच से बाहर होती हैं। हमारा विज़न AYUFERY के सिद्धांतों पर आधारित ऐसे क्लीनिक खोलने का है जहाँ 'इलाज' से ज़्यादा 'परहेज' और 'प्राकृतिक उपचार' पर ज़ोर दिया जाए। SAHAYT कार्ड धारकों को इन क्लिनिक्स में रियायती दरों पर परामर्श और दवाइयाँ मिलेंगी। हम चाहते हैं कि हर इंसान को

सम्मानजनक और सस्ता इलाज मिले।

टेली-मेडिसिन और एआई डायग्नोसिस: हम तकनीक का उपयोग करके दूर-दराज के गाँवों तक बेहतरीन डॉक्टरों की सलाह पहुँचाएंगे। हमारा एआई सिस्टम शुरुआती लक्षणों को पहचान कर प्राथमिक उपचार की सलाह देगा, जिससे अस्पताल जाने की ज़रूरत और खर्च दोनों कम होंगे। यह तकनीक और आयुर्वेद का वह संगम होगा जो 'बीमारी मुक्त भारत' का सपना सच करेगा।

PM COACH का विजय मंत्र

"जिस देश में शिक्षा और दवा बेची जाती है, वहाँ गरीबी कभी खत्म नहीं होती। अपनी सफलता का एक हिस्सा समाज की जड़ों को सींचने में लगाइये। बच्चों को 'पढ़ाई' नहीं, 'काबिलियत' दीजिये और बीमारों को 'दवा' नहीं, 'भरोसा' दीजिये। जो समाज के दर्द को अपना समझता है, कुदरत उसकी तरक्की के रास्ते खुद-ब-खुद खोल देती है!"

अध्याय 10.6: सामुदायिक सशक्तिकरण: उपभोक्ता से 'Path Maker' तक का सफर

(थीम: 10 मिलियन व्यक्तियों को केवल उपभोक्ता नहीं, बल्कि आत्मनिर्भर लीडर्स में बदलने की रणनीति।)

निर्भरता का अंत (The End of Dependency): ज़्यादातर कंपनियां चाहती हैं कि ग्राहक हमेशा उन पर निर्भर रहे ताकि उनका धंधा चलता रहे। लेकिन SAHAYT का मॉडल इससे बिल्कुल उल्टा है। हम आपको मछली पकड़कर नहीं देते, हम आपको मछली पकड़ने का कांटा (VAIKAS) और हुनर दोनों देते हैं। हमारा सशक्तिकरण तब सफल माना जाएगा जब आपको मेरी ज़रूरत पड़ना बंद हो जाए और आप खुद दूसरों के लिए 'P M COACH' बन जाएं।

माइक्रो-एंटरप्रेन्योरशिप की लहर: 10 मिलियन लोगों का मतलब है 10 मिलियन छोटे बिज़नेस। हम हर सदस्य को सिखाते हैं कि कैसे वह अपने स्थानीय क्षेत्र में VARDANTA और AYUFERY के सिद्धांतों को

लागू करके अपना खुद का साम्राज्य खड़ा कर सकता है। चाहे वह एक छोटा डिजिटल स्कूल हो या जैविक खेती का केंद्र—हर 'Path Maker' अपने इलाके की अर्थव्यवस्था का केंद्र बनेगा।

आत्मसम्मान का पुनर्जन्म: सशक्तिकरण सिर्फ पैसे से नहीं आता, वह 'सम्मान' से आता है। जब बालेश्वर का एक आम लड़का VAIKAS के 'Valiant' और 'Inimitable' सिस्टम का उपयोग करके ग्लोबल क्लाइंट्स के साथ काम करता है, तो उसके बात करने का लहज़ा बदल जाता है। हम लोगों को उनकी खोई हुई पहचान और आत्मविश्वास वापस दिला रहे हैं। हम उन्हें याद दिला रहे हैं कि वे किसी से कम नहीं हैं।

लीडरशिप का पिरामिड: हमने एक ऐसा ढांचा बनाया है जहाँ हर पुराना सदस्य नए सदस्य का हाथ थामता है। यह 'Each One, Teach One' का डिजिटल अवतार है। 2035 तक, यह चेन इतनी लंबी हो जाएगी कि भारत का कोई भी कोना ऐसा नहीं बचेगा जहाँ एक सक्षम 'Path Maker' मौजूद न हो। हम एक ऐसी आत्मनिर्भर सेना खड़ी कर रहे हैं जो सरकार या नौकरियों की मोहताज नहीं होगी।

PM COACH का विजय मंत्र

"किसी के पीछे चलना आसान है, पर अपना रास्ता खुद बनाना ही असली मर्दानगी है। भीड़ का हिस्सा मत बनिए, भीड़ की वजह बनिए। जो दूसरों को बैसाखी देता है वह उन्हें कमज़ोर बनाता है, लेकिन जो दूसरों को उड़ना सिखाता है वह अमर हो जाता है। खुद को इतना सशक्त बनाइये कि आप मांगने वाले नहीं, देने वाले बनें। जहाँ 'Path Maker' खड़ा होता है, वहीं से सफलता की लाइन शुरू होती है!"

अध्याय 10.7: तकनीक और परंपरा का मिलन: एआई और संस्कारों का संगम

(थीम: कैसे आधुनिक एआई और प्राचीन भारतीय संस्कारों का मेल एक स्वस्थ और स्मार्ट समाज बनाएगा।)

डिजिटल दिमाग, देसी दिल: हम VAIKAS (Valiant Authentic Inimitable Kinetic Automated Solution) का इस्तेमाल इसलिए करते हैं ताकि हम रफ़्तार पकड़ सकें, लेकिन हमारे फैसले आज भी उन्हीं संस्कारों से प्रेरित होते हैं जो हमें हमारी मिट्टी ने सिखाए हैं। तकनीक हमें 'स्केल' देती है, पर संस्कार हमें 'स्थिरता' देते हैं। हम एआई का उपयोग लोगों को आलसी बनाने के लिए नहीं, बल्कि उन्हें आज़ाद करने के लिए कर रहे हैं ताकि वे अपनी जड़ों की ओर लौट सकें।

AYUFERY: एआई पावर्ड आयुर्वेद: AYUFERY सिर्फ़ एक प्रोडक्ट नहीं है, यह एक स्वस्थ जीवनशैली का एल्गोरिदम है। हम एआई का उपयोग यह समझने में करते हैं कि किस व्यक्ति के शरीर को किस तरह के पोषण की ज़रूरत है, लेकिन समाधान हम वही देते हैं जो हमारे ऋषियों ने हज़ारों साल पहले बताया था। जब तकनीक प्राचीन ज्ञान की 'पर्सनलाइज्ड' (व्यक्तिगत) डिलीवरी करती है, तो वह हर घर के लिए एक वरदान बन जाती है।

संस्कारों का ऑटोमेशन: लोग कहते हैं कि तकनीक इंसान को मशीन बना देती है। मैं कहता हूँ, अगर तकनीक सही हाथों में हो, तो वह हमें फिर से इंसान बनने का समय देती है। जब VAIKAS आपके बिज़नेस के कठिन और उबाऊ कामों को संभाल लेता है, तब आपके पास समय होता है अपने परिवार के साथ बैठने का, सेवा करने का और संस्कारों को अगली पीढ़ी तक पहुँचाने का। हम तकनीक का इस्तेमाल 'रिश्ते' मज़बूत करने के लिए कर रहे हैं।

ज्ञान का डिजिटल संरक्षण: हमारी प्राचीन परंपराएं अक्सर इसलिए लुप्त हो गईं क्योंकि वे सही तरीके से संजोई नहीं गई थीं। SAHAYT के माध्यम से हम अपने क्षेत्रीय ज्ञान, औषधियों और संस्कारों को डिजिटल रूप में हमेशा के लिए सुरक्षित कर रहे हैं। एआई सुनिश्चित करेगा कि यह ज्ञान कभी धुंधला न पड़े और आने वाली हर पीढ़ी को अपनी भाषा और अंदाज़ में उपलब्ध हो।

PM COACH का विजय मंत्र

"बिना तकनीक के आप पिछड़ जाएंगे, और बिना संस्कारों के आप भटक जाएंगे। तकनीक को अपना 'नौकर' बनाइये और संस्कारों को अपना 'गुरु'। जो एआई की रफ़्तार और आयुर्वेद की गहराई को मिला देता है, वह

असंभव को भी संभव कर देता है। भविष्य उसी का है जिसके पास 'स्मार्ट कोड' भी है और 'मज़बूत जड़ें' भी। परंपरा का हाथ थामकर तकनीक की सवारी कीजिये!"

अध्याय 10.8: लीगेसी का निर्माण: 2035 तो बस असली शुरुआत है

(थीम: एक ऐसा गतिशील और अटूट सिस्टम बनाना जो 2035 के बाद पूरी दुनिया की रफ़्तार बदल देगा।)

2035: हमारा नया लॉन्चिंग पैड: बालेश्वर में जब मैं ऑटो का पहला गियर डालता था, तो वह पूरी यात्रा की शुरुआत होती थी। 2035 हमारे लिए वही 'पहला गियर' है। 10 मिलियन लोगों को सशक्त करना एक शानदार मील का पत्थर है, लेकिन हमारा असली प्रभाव उस दिन से शुरू होगा जब ये 10 मिलियन लोग मिलकर पूरी दुनिया को नई दिशा देंगे। हम एक ऐसा भविष्य रच रहे हैं जहाँ 2035 के बाद हमारी प्रगति और भी कई गुना तेज़ होगी।

एक सशक्त सिस्टम की रचना: हमारी वजह से आने वाली पीढ़ियों को एक ऐसा जीवंत और आधुनिक ढांचा मिलेगा, जो उन्हें निरंतर आगे बढ़ने की शक्ति देगा। हम एक ऐसे आत्मनिर्भर तंत्र का निर्माण कर रहे हैं जो समय के साथ और भी मज़बूत होता जाएगा। यह एक ऐसी मशाल है जिसकी रोशनी हर गुज़रते साल के साथ और भी प्रज्वलित होगी।

अनंत विकास का मार्ग: SAHAYT एक निरंतर बहती हुई ऊर्जा है। हमने एक ऐसा सिस्टम बनाया है जो 2035 के बाद हर व्यक्ति को सशक्त बनने का नया अवसर प्रदान करेगा। हमारी वजह से करोड़ों लोग एक स्पष्ट विज़न और ठोस एक्शन के साथ आगे बढ़ेंगे। यह विकास की एक ऐसी लहर होगी जो हर साल सफलता के नए आसमान को छुएगी।

आत्म-सम्मान का नया युग: हमारी सबसे बड़ी सफलता वह दिन होगी जब हर व्यक्ति गर्व से अपनी काबिलियत का लोहा मनवाएगा। 2035 तक हम यह अटूट विश्वास हर मन में जगा चुके होंगे। हमारी वजह से विकसित हुआ यह आत्म-सम्मान ही वह असली गौरव है, जो 2035 के बाद भी आने वाली कई पीढ़ियों का मार्ग प्रशस्त करता रहेगा।

PM COACH का विजय मंत्र

"2035 हमारी मंज़िल नहीं, बल्कि हमारा नया 'स्टार्टिंग पॉइंट' है। जो आने वाली सदियों का रास्ता बनाता है, वही असली 'Path Maker' है। हमारी वजह से एक ऐसी ऊर्जा पैदा होगी जो 2035 के बाद पूरी दुनिया को एक नई राह दिखाएगी। हमने एक ऐसा सिस्टम बनाया है जो सिर्फ़ और सिर्फ़ ऊपर उठना जानता है!"

अध्याय 10.9: वैश्विक प्रभाव का ब्लूप्रिंट: भारत के मॉडल को दुनिया के लिए मिसाल बनाना

(थीम: भारत के ग्रामीण और शहरी मॉडल को दुनिया के सामने एक प्रेरणा के रूप में पेश करना।)

देसी समाधान, वैश्विक मांग: जो चुनौतियां आज भारत के गाँवों और छोटे शहरों में हैं, वही स्थिति दुनिया के कई अन्य विकासशील देशों की भी है। हमने SAHAYT के ज़रिए जो समाधान विकसित किया है, वह दुनिया के लिए एक 'केस स्टडी' बनेगा। हमारी वजह से दुनिया यह सीखेगी कि कैसे कम संसाधनों में तकनीक और संस्कारों का उपयोग करके 10 मिलियन लोगों को आज़ाद किया जा सकता है।

VAIKAS: एक ग्लोबल बेंचमार्क: हमारा सिस्टम इतना सटीक और प्रभावी है कि 2035 के बाद दुनिया भर के ट्रेनर्स और लीडर्स इसे अपने यहाँ लागू करना चाहेंगे। हमारी वजह से एक ऐसा 'प्लग-एंड-प्ले' मॉडल तैयार होगा जिसे किसी भी देश की भाषा और संस्कृति के अनुसार ढालकर वहाँ के लोगों को सशक्त बनाया जा सकेगा। हम सिर्फ़ भारत के लिए नहीं, बल्कि पूरी मानवता के लिए Path Maker बनेंगे।

मिट्टी का संदेश, दुनिया के नाम: वर्दान्ता धरा का संदेश "मिट्टी स्वस्थ, तो जीवन स्वस्थ" अब वैश्विक स्वास्थ्य का मंत्र बनेगा। जब दुनिया रसायनों के दुष्प्रभाव से थक जाएगी, तब हमारी वजह से उन्हें प्राकृतिक खेती और शुद्ध जीवनशैली का वह रास्ता मिलेगा जो भारत सदियों से जानता है। हम अपनी परंपराओं को आधुनिक तकनीक के साथ दुनिया की मेज़ पर रखेंगे।

आर्थिक आज़ादी का भारतीय दर्शन: पश्चिमी देशों का मॉडल अक्सर 'मुनाफे' पर टिका होता है, लेकिन हमारा मॉडल 'सशक्तिकरण' पर टिका है। हमारी वजह से दुनिया यह देखेगी कि व्यापार सिर्फ़ पैसा कमाना नहीं, बल्कि लोगों के जीवन में मूल्य जोड़ना है। 2035 के बाद, हमारा 'कोचिंग और ऑटोमेशन' मॉडल दुनिया के सबसे भरोसेमंद बिजनेस मॉडल्स में से एक होगा।

PM COACH का विजय मंत्र

"अपनी जड़ों को इतना मज़बूत रखिये कि पूरी दुनिया आपकी छाँव में बैठना चाहे। हमारी वजह से एक ऐसी तकनीक और संस्कृति का जन्म हुआ है जो सरहदों को नहीं मानती। जो भारत की मिट्टी का मान बढ़ाता है, वही पूरी दुनिया पर राज करता है। 2035 के बाद, दुनिया सिर्फ़ भारत को देखेगी नहीं, बल्कि भारत के रास्ते पर चलेगी!"

अध्याय 10.10: प्रारंभ: एक नई सुबह की पहली किरण

(थीम: पाठक का इस विज़न के साथ स्वाभाविक और अटूट जुड़ाव।)

सफर की वास्तविक शुरुआत: बालेश्वर की सड़कों से शुरू हुई यह वैचारिक यात्रा यहाँ विश्राम नहीं लेती, बल्कि यहाँ से एक नया विस्तार पाती है। इस किताब के आखिरी पन्नों तक पहुँचते-पहुँचते आपने जिन संभावनाओं को महसूस किया है, वे अब आपके जीवन का हिस्सा बनने के लिए तैयार हैं। हमारी वजह से आज आपके सामने वह स्पष्ट मार्ग है जिसे हमने संघर्ष और अनुभव से तराशा है। अब यह केवल एक कहानी नहीं, बल्कि आपके आने वाले कल की हकीकत है।

समय के साथ कदम मिलाना: अक्सर लोग सही समय का इंतज़ार करते रह जाते हैं, लेकिन एक Path Maker जानता है कि समय इंतज़ार करने के लिए नहीं, बल्कि अपनी गति से दुनिया बदलने के लिए होता है। हमारी वजह से आपके पास अब वह आधुनिक प्रणाली और वे गहरे संस्कार मौजूद हैं जो किसी भी साधारण लक्ष्य को असाधारण सफलता में बदल सकते हैं। आज की गई एक छोटी सी शुरुआत 2035 तक आपके और आपके अपनों

के जीवन को एक नई ऊँचाई पर ले जाने की शक्ति रखती है।

सामर्थ्य को पहचानने का क्षण: 10 मिलियन लोगों का यह जुड़ाव उन लोगों के लिए है जो अपनी क्षमताओं पर विश्वास करते हैं और अपनी मिट्टी के लिए कुछ सार्थक करना चाहते हैं। यहाँ हर व्यक्ति अपनी स्वतंत्रता का रास्ता खुद चुनता है और दूसरों के लिए भी प्रेरणा बनता है। हमारी वजह से आपके पास अब वह मज़बूत आधार है जो आपको हर कदम पर संबल प्रदान करेगा और आपको उस शिखर तक ले जाएगा जहाँ सफलता एक स्वभाव बन जाती है।

इतिहास के पन्नों में अपनी जगह: कुछ विचार पढ़ने के लिए होते हैं और कुछ जीने के लिए। मैं, PM COACH, आपके साहस और आपकी दृष्टि का सम्मान करता हूँ। हमारी वजह से जो लहर शुरू हुई है, वह अब एक ऐसा प्रवाह बन चुकी है जो प्रगति की हर बाधा को पार कर लेगी। इस साझा विज़न में शामिल होना अपनी पहचान को एक व्यापक उद्देश्य के साथ जोड़ना है। वह भविष्य, जहाँ 2035 का सूरज हम सबका स्वागत करेगा, अब आपकी पहुँच में है।

PM COACH का विजय मंत्र

"सफर अभी समाप्त नहीं हुआ है, असली रफ़्तार तो अब पकडनी है। बालेश्वर के उस ऑटो से जो रास्ता बना है, उस पर अब आपको अपनी सफलता की मंज़िल खड़ी करनी है। हमारी वजह से अब हर बाधा एक अवसर में बदल चुकी है। उठिये, और 2035 की उस पहली किरण का स्वागत कीजिये जो पूरी दुनिया को एक नई दिशा दिखाएगी। मिलते हैं उस शिखर पर जहाँ जीत हमारा इंतज़ार कर रही है!"

लेखक का परिचय:
एक ‘Path Maker’ की यात्रा

इस पुस्तक के पीछे जो आवाज़ है, वह किसी वातानुकूलित कमरे में बैठकर नहीं, बल्कि संघर्ष की तपती भट्ठी में तपकर निकली है। P M COACH (Path Maker COACH), जिन्हें दुनिया संजित सुतार के नाम से जानती है, आज SAHAYT के संस्थापक और सीईओ हैं, लेकिन उनकी पहचान का सबसे गौरवशाली अध्याय साल 2018 में ओडिशा के बालेश्वर की सड़कों पर लिखा गया था।

एक समय था जब वे बालेश्वर में ऑटो का स्टीयरिंग थामकर अपनी और अपने परिवार की आजीविका के लिए संघर्ष कर रहे थे। उस संघर्ष ने उन्हें वह दृष्टि दी, जो बड़े-बड़े विश्वविद्यालयों की डिग्रियां नहीं दे पातीं। उन्होंने करीब से देखा कि कैसे एक आम आदमी ‘मोटिवेशन’ के मीठे जाल में फँसकर अपनी ऊर्जा खो देता है, जबकि उसे ज़रूरत होती है एक ठोस सिस्टम और सही दिशा की।

आज, वे VARDANTA ब्रांड और VAIKAS (Valiant Authentic Inimitable Kinetic Automated Solution) जैसी क्रांतिकारी प्रणालियों के माध्यम से एक वैश्विक आंदोलन का नेतृत्व कर रहे हैं। उनका विज़न अत्यंत स्पष्ट और साहसिक है—2035 तक 10 मिलियन (1 करोड़) लोगों को वित्तीय रूप से स्वतंत्र बनाना और उन्हें पर्यावरण के प्रति जागरूक नागरिक बनाना।

उनकी विचारधारा का मूल मंत्र है—”खेती अब सिर्फ रोज़गार नहीं, संस्कार है।” अपनी कृषि विंग ‘वर्दान्ता धरा’ के माध्यम से वे मिट्टी के स्वास्थ्य और मानवीय स्वास्थ्य को एक सूत्र में पिरो रहे हैं। बालेश्वर के एक ऑटो ड्राइवर से लेकर करोड़ों लोगों के ‘Path Maker’ बनने तक का उनका यह सफर ही इस पुस्तक की आधारशिला है।

वे आज उन प्रशिक्षकों (Trainers) और उद्यमियों के लिए एक प्रकाश स्तंभ हैं, जो ट्रेनिंग के बाद भी आगे बढ़ने के रास्तों की तलाश में हैं। SAHAYT के माध्यम से वे न केवल व्यापार सिखा रहे हैं, बल्कि एक ऐसी विरासत (Legacy) का निर्माण कर रहे हैं जहाँ तकनीक, परंपरा और प्रकृति का अद्भुत संगम है।

www.ingramcontent.com/pod-product-compliance
Lightning Source LLC
LaVergne TN
LVHW100320210926
848480LV00003B/1195
* 9 7 9 8 9 0 5 1 0 1 2 8 1 *